Aşgabat Mutfak Mirası
Gelänäk Asýa Jaýlary

Ayça Karahan

Gysgaça mazmun

Köri sousy bilen sygyr eti 9
Bişirilen sygyr eti 10
Sygyr etini köri bilen gowurmaly 12
Sarymsak sygyr eti 13
Zynjyr sygyr eti 14
Zynjyr bilen gaýnadylan sygyr 15
Greenaşyl noýba bilen sygyr eti 16
Gyzgyn sygyr 18
Gyzgyn ýer sygyr eti 20
Marinirlenen bişirilen sygyr eti 24
Sygyr eti we soganly kömelek 25
Marinirlenen bişirilen sygyr eti 26
Kömelek bilen bişirilen sygyr eti 27
Nahar bilen gowrulan gowrulan sygyr 29
Tüwi naharly sygyr eti 30
Sogan bilen sygyr eti 32
Sygyr eti we nohut 33
Bişen sogan bilen döwülen sygyr 34
Guradylan mämişi gabygy bilen sygyr eti 35
Oyster sousy bilen sygyr eti 37
Burç sygyr eti 38
Burç biftek 39
Paprika bilen sygyr eti 41
Sygyr eti gök burç bilen duzlanýar 43
Hytaý hyýarlary bilen sygyr eti 44
Kartoş şnitsel 45
Gyzyl gaýnadylan sygyr 47
Tagamly sygyr 48
Beer sygyry 49
Maşgala stili sygyr etini çekdi 50
Ajy ysly sygyr eti 52
Ysmanak bilen marinirlenen sygyr eti 53

Gara noýba we bahar soganly sygyr eti 55
Sygyr etini bahar sogan bilen gowurmaly 57
Balyk sousy bilen sygyr we bahar sogan 58
Bişirilen sygyr eti 59
Bişirilen sygyr eti 60
Bişirilen sygyr eti 61
Sygyr etini gowurmak 63
biftek zolaklary 65
Süýji kartoşka bilen bişirilen sygyr 66
Sygyr etiniň bir bölegi 67
sygyr eti tosty 69
Sygyr eti - grated çili 70
Pomidor bilen sygyr eti 72
Çig mal bilen gaýnadylan sygyr 73
Gök önümler bilen sygyr eti 74
Bişirilen sygyr eti 76
doldurylan biftek 77
Sygyr eti 79
Çişik köfte 81
Kawa hozy bilen sygyr eti 83
Gyzyl sousda sygyr eti 84
Yapyşan tüwi bilen sygyr toplary 85
Süýji we turş sousundaky köfte 86
Bugly et çukury 88
Bugly sygyr eti 90
Oster sousy bilen gowrulan gowrulan ownuk et 91
Sygyr eti 92
Sygyr eti we ysmanak köfte 93
Tofu bilen gowrulan gowrulan sygyr 95
Asparagusly guzy 97
Taşlanan guzy 99
Greenaşyl noýba bilen guzy 100
Bişirilen guzy 101
Brokkoli bilen guzy 102
Suw kashtanly guzy 103
Kelem bilen guzy 105

Guzy Çow Mein ... 106
Guzy köri ... 107
Hoşboý ysly guzy ... 109
Gril goýun kubikleri ... 110
Guzynyň eti mangetout bilen ... 111
Marinirlenen guzy ... 113
Pleönekeý gowrulan towuk ... 114
Pomidor sousunda towuk ... 116
Pomidor towugy ... 117
Pomidor bilen bişirilen towuk ... 118
Gara noýba sousy bilen towuk we pomidor ... 119
Gök önümler bilen bişirilen towuk ... 120
Hoz bilen towuk ... 121
Hoz bilen towuk ... 122
Suw kashtan towugy ... 123
Suw kashtanly duzly towuk ... 124
Towuk köfteleri ... 126
Çişik towuk ganatlary ... 127
Bäş sany ysly towuk ganatlary ... 128
Marinirlenen towuk ganatlary ... 129
hakyky towuk ganatlary ... 131
Ajy towuk ganatlary ... 133
Taýýarlanan towuk budlary ... 134
Hoisin towuk budlary ... 135
Bişirilen towuk ... 136
Çişik gowrulan towuk ... 136
Bütin gowrulan towuk ... 139
Bäşinji ysly towuk ... 140
Zynjyr we bahar sogan bilen towuk ... 142
Bişirilen towuk ... 142
Gyzyl gowrulan towuk ... 143
Gyzyl bişirilen ýakymly ysly towuk eti ... 144
Künji gowrulan towuk ... 145
Towuk soýa sousy ... 146
Bugly towuk ... 148
Aniz bilen buglanan towuk ... 149

Towuk etiniň özboluşly tagamy ... 150
Çişik towuk çeňňekleri ... 151
Greenaşyl noýba bilen towuk ... 152
Ananas bişirilen towuk ... 153
Burç we pomidor bilen towuk ... 154
Künji towugy ... 155
Bişen towuklar ... 156
Türkiýe mangetout bilen ... 157
Paprika bilen Türkiýe ... 159
Hytaýda gowrulan hindi ... 161
Hoz we kömelek bilen Türkiýe ... 162
Bambuk baldagy bilen ördek ... 164
Noýba ösümlikleri bilen ördek ... 165
bişirilen ördek ... 166
Selderey bilen bişirilen ördek ... 167
Zynjyr ördek ... 168
Greenaşyl noýba bilen ördek ... 170
Bişen ördek ... 172
Ekzotik miweler bilen ördek ... 173
Hytaý ýapraklary bilen bişirilen ördek ... 175
serhoş ördek ... 177
Bäş sany ýakymly ysly ördek ... 178
Zynjyr bilen bişirilen ördek ... 179
Ham we leňňe bilen ördek ... 180
Ördek balda gowruldy ... 181
Çygly gowrulan ördek ... 182
Kömelek bilen bişirilen ördek ... 183
Iki kömelek bilen ördek ... 185
Sogan bilen bişirilen ördek ... 186
Apelsin sousy bilen ördek ... 188
Ördek mämişi bilen gowurmaly ... 189
Armut we kashtan bilen ördek ... 190
Ördek ... 191
Ananas bilen bişirilen ördek ... 194
Ananas bilen bişirilen ördek ... 195
Ananas we zynjyr bilen ördek ... 197

Ananas we lyçe bilen ördek *198*
Doňuz eti we kashtan bilen ördek *200*
Kartoşka bilen ördek *201*
Gaýnadylan gyzyl ördek *203*
Tüwi şerabynda gowrulan ördek *204*
Tüwi şerabynda bişirilen ördek *205*
bişirilen ördek *206*
Guradylan ördek *208*
Süýji kartoşka bilen ördek *210*
Süýji we turş ördek *212*
mandarin ördek *214*
Gök önümler bilen ördek *215*

Köri sousy bilen sygyr eti

4 adam üçin

1 ýumurtga, ýenjildi

15 ml / 1 nahar çemçesi mekgejöwen uny (mekgejöwen krahmaly)

5 ml / 1 çaý çemçesi çörek sodasy (çörek sodasy)

15 ml / 1 nahar çemçesi tüwi çakyry ýa-da gury şeri

15 ml / 1 nahar çemçesi soýa sousy

Dilimlere kesilen 225 gr sygyr eti

90 ml / 6 çemçe ýag

100 g / 4 oz köri pastasy

Eggumurtga, mekgejöwen, çörek bişirilen soda, çakyr ýa-da sherri we soýa sousyny birleşdiriň. Sygyr etini we 15 ml / 1 nahar çemçesi ýagy garmaly. Galan ýagy gyzdyryp, sygyr we ýumurtga garyndysyny 2 minut gowurmaly. Eti aýyryň we ýagy süzüň. Gazana köri pastasyny goşuň we gaýnadyň, soňra eti tabaga gaýnadyň, gowy garmaly we hyzmat ediň.

Bişirilen sygyr eti

4 adam üçin

45 ml / 3 çemçe nohut ýagy

5 ml / 1 çaý çemçesi duz

1 sarymsak, ezilen

450 g / 1 fb biftek, kesilen

4 sany bahar sogan (gabyk), dilimlenen

1 dilim zynjyr köküni, dogralan

30 ml / 2 nahar çemçesi köri

15 ml / 1 nahar çemçesi tüwi çakyry ýa-da gury şeri

15 ml / 1 nahar çemçesi şeker

400 ml / 14 fl oz / 1 æ käse sygyr eti

15 ml / 1 nahar çemçesi mekgejöwen uny (mekgejöwen krahmaly)

45 ml / 3 nahar çemçesi suw

Oilagy gyzdyryň we duzy we sarymsagy aç-açan goňur bolýança gowurmaly. Biftek goşuň we ýag bilen sürtüň, soňra bahar sogan, zynjyr we sogan goşuň, et her tarapdan gyzarýança. Karri goşuň we 1 minut gaýnadyň. Şeraby ýa-da şeri we şekeri garmaly, soňra ätiýaçlyk goşuň, gaýnadyň, gaplaň we et ýumşaýança 35 minut gaýnadyň. Mekgejöwen we suwy pasta garmaly, sousa garmaly we sous galyň bolýança yzygiderli garmaly.

Sygyr etini köri bilen gowurmaly

4 adam üçin

225 gr sygyr eti

30 ml / 2 nahar çemçesi nohut ýagy

1 sany uly sogan, dilimlenen

30 ml / 2 nahar çemçesi köri

1 dilim zynjyr köküni, dogralan

15 ml / 1 nahar çemçesi tüwi çakyry ýa-da gury şeri

120 ml / 4 fl oz / ¬Ω käse sygyr çorbasy

5 ml / 1 çaý çemçesi şeker

15 ml / 1 nahar çemçesi mekgejöwen uny (mekgejöwen krahmaly)

45 ml / 3 nahar çemçesi suw

Eti däne garşy inçe dilimlere bölüň. Oilagy gyzdyryň we sogan aç-açan bolýança gowurmaly. Karri, zynjyr we sousy birnäçe sekunt goşuň. Gyzarýança sygyr etini we sousy goşuň. Şeraba ýa-da şerif we ätiýaçlyk goşuň, gaýnadyň, eti bişýänçä 5 minut töweregi gaýnadyň. Şekeri garmaly,

mekgejöwen we suw, gazana garmaly we sous galyň bolýança yzygiderli garmaly.

Sarymsak sygyr eti

4 adam üçin

Dilimlere kesilen 350 gr sygyr eti
Dilimlere kesilen 4 sany sarymsak
1 gyzyl burç, dilimlere kesilen
45 ml / 3 çemçe soýa sousy
45 ml / 3 çemçe nohut ýagy
5 ml / 1 nahar çemçesi mekgejöwen uny (mekgejöwen krahmaly)
15 ml / 1 nahar çemçesi suw

Eti sarymsak, çili we 30 ml / 2 nahar çemçesi soýa sousy bilen garmaly we wagtal-wagtal garyşdyryp, 30 minut durmaly. Oilagy gyzdyryň we sygyr etiniň garyndysyny gutarýança birnäçe minut gowurmaly. Galan maddalary pasta emele gelýänçä garmaly, gazana garmaly we et bişýänçä gowurmaly.

Zynjyr sygyr eti

4 adam üçin

15 ml / 1 nahar çemçesi nohut ýagy
450 dilim sygyr eti, dilimlere kesilýär
Inçe dilimlenen 1 sogan
2 sany sarymsak, ezilen
Inçe dilimlere bölünen kristal zynjyrdan 2 bölek
15 ml / 1 nahar çemçesi soýa sousy
150 ml / ¬° pt / uly ¬Ω käse suw
2 sany selderýa, diagonally dilimlenen
5 ml / 1 çaý çemçesi duz

Oilagy gyzdyryň we sygyr etini, sogan we sarymsagy aç-açan gyzarýança gowurmaly. Zynjyr, soýa sousy we suw goşup, gaýnadyň, gaplaň we 25 minut gaýnadyň. Selderini goşuň, gapagyny ýapyň we ýene 5 minut gaýnadyň. Hyzmat etmezden ozal duz sepiň.

Zynjyr bilen gaýnadylan sygyr

4 adam üçin

450 g / 1 funt sygyr eti

2 dilim zynjyr köküni, dogralan

4 dogralan bahar sogan.

120 ml / 4 fl oz / ¬Ω käse soýa sousy

60 ml / 4 çemçe tüwi çakyry ýa-da gury şeri

400 ml / 14 fl oz / 1¬œ käse suw

15 ml / 1 nahar çemçesi goňur şeker

Ingredhli ingredientleri galyň aşagyndaky gazana goýuň, gaýnadyň, gaplaň we 1 sagat töweregi bişirmeli, eti ýumşaýança wagtal-wagtal garmaly.

Greenaşyl noýba bilen sygyr eti

4 adam üçin

225 gr sygyr eti inçe dilimlere bölünýär
30 ml / 2 nahar çemçesi mekgejöwen uny (mekgejöwen krahmaly)
15 ml / 1 nahar çemçesi tüwi çakyry ýa-da gury şeri
15 ml / 1 nahar çemçesi soýa sousy
30 ml / 2 nahar çemçesi nohut ýagy
2,5 ml / ¬Ω çaý çemçesi duz
2 sany sarymsak, ezilen
225 gr ýaşyl noýba
225 g / 8 oz bambuk baldagy, dilimlenen
Dilimlere bölünen 50 gr kömelek
Dilimlere kesilen 50 gr suw kashtan
150 ml / ¬° pt / jomart käse towuk ätiýaçlygy ¬Ω

Biftek bir tabaga goýuň. 15 ml / 1 nahar çemçesi mekgejöwen, şerap ýa-da şeri we soýa sousyny garmaly, etiň içine garmaly we 30 minut marinat etmeli. Sarymsagy az-az gyzarýança ýagy duz, sarymsak we sous bilen gyzdyryň. Et we marinad goşup, 4 minut gaýnatmaly. 2 minut noýba we sous goşuň.

Beýleki maddalary goşuň, gaýnadyň we 4 minut bişirmeli. Semoluň galan bölegini garmaly

azajyk suw we sous bilen garmaly. Sous arassalanýança we galyň bolýança yzygiderli garmaly.

Gyzgyn sygyr

4 adam üçin

450 g / 1 funt sygyr eti

6 sany bahar sogan (ýaşyl sogan), dilimlenen

Zynjyr kököniň 4 bölegi

15 ml / 1 nahar çemçesi tüwi çakyry ýa-da gury şeri

15 ml / 1 nahar çemçesi soýa sousy

4 guradylan gyzyl çili burç, dogralan

10 burç

1 ýyldyz anise

300 ml / ¬Ω pt / 1¬° käse suw

2,5 ml / ¬Ω çaý çemçesi çili ýagy

Eti 2 bahar sogan, 1 dilim zynjyr we şerabyň ýarysy bilen bir tabaga salyň we 30 minut marinat etmeli. Bir gaýna suw guýuň, et goşuň we ýapylýança bişirmeli

hemme tarapdan, soň aýyryň we süzüň. Galan bahar sogan, zynjyr we çakyr ýa-da şerini çilli, burç we ýyldyz anizasy bilen gazana goýuň we suw goşuň. Bir gaýna getirmeli, et goşuň, gaplaň we et ýumşaýança 40 minut gaýnadyň. Eti suwuklykdan çykaryň we gowy suwlaň. Ony inçe dilimlere bölüň we ýyly tabakda ýerleşdiriň. Çili ýagy bilen sepilen hyzmat ediň.

Gyzgyn ýer sygyr eti

4 adam üçin

150 ml / ¬° pt / baý ¬Ω käse nohut ýagy

450g / 1lb sygyr eti, dilimlenen

45 ml / 3 çemçe soýa sousy

15 ml / 1 nahar çemçesi tüwi çakyry ýa-da gury şeri

1 dilim zynjyr köküni, dogralan

1 guradylan gyzyl çili, dogralan

2 käşir, dogralan

2 sany selderýa, diagonally dilimlenen

10 ml / 2 çaý çemçesi duz

225 g / 8 oz / 1 stakan uzyn däne tüwi

Oilagyň üçden iki bölegini gyzdyryň we sygyr etini, soýa sousyny we şeraby ýa-da şerini 10 minut gowurmaly. Eti saýlaň we sousy ätiýaçda saklaň. Galan ýagy gyzdyryp, zynjyr, burç we käşir 1 minut gowurmaly. Selderini we sousy 1 minut goşuň. Sygyr etini, duzy we sousy 1 minut goşuň.

Bu aralykda, tüwi ýumşaýança 20 minut töweregi gaýnag suwda bişirmeli. Gowy süzüň we hyzmat ediş tabakda tertipläň. Sygyr etiniň garyndysyny we gyzgyn sousy üstüne guýuň.

Sygyr eti

4 adam üçin

225 gr sygyr eti

30 ml / 2 nahar çemçesi mekgejöwen uny (mekgejöwen krahmaly)

5 ml / 1 çaý çemçesi şeker

5 ml / 1 çaý çemçesi soýa sousy

10 ml / 2 nahar tüwi çakyry ýa-da gury şeri

30 ml / 2 nahar çemçesi nohut ýagy

2,5 ml / ¬Ω çaý çemçesi duz

2 dilim zynjyr köküni, dogralan

225 gr gar nohut

60 ml / 4 nahar çemçesi sygyr çorbasy

10 ml / 2 çaý çemçesi suw

täze ýer burç

Eti däne garşy inçe dilimlere bölüň. Mekgejöweniň, şekeriň, soýa sousynyň we şerabyň ýa-da şeriniň ýarysyny garmaly, et bilen birleşdirip, palta gowy garmaly. Halfagyň ýarysyny gyzdyryp, duz we zynjyry birnäçe sekunt gowurmaly. Gar nohutlaryny goşuň we ýag bilen örtüň. Aksiýany goşuň, gaýnadyň we gowy garmaly, soňra gazandan miwäni we suwuklygy aýyryň. Galan ýagy gyzdyryň we eti çalaja gyzarýança gowurmaly. Igerolbarsy tabaga gaýtaryň. Garyşdyryň

galan irmini gazanda suw bilen burç we möwsüm burç bilen garmaly. Sous galyňlaşýança, bulamaly.

Marinirlenen bişirilen sygyr eti

4 adam üçin

450g / 1lb biftek

75 ml / 5 çemçe soýa sousy

60 ml / 4 çemçe tüwi çakyry ýa-da gury şeri

5 ml / 1 çaý çemçesi duz

15 ml / 1 nahar çemçesi mekgejöwen uny (mekgejöwen krahmaly)

45 ml / 3 çemçe nohut ýagy

15 ml / 1 nahar çemçesi goňur şeker

15 ml / 1 nahar çemçesi çakyr sirkesi

Biftegi birnäçe ýerde deşiň we bir tabaga goýuň. Soýa sousyny, şeraby ýa-da şeri we duzy garmaly, etiň üstüne guýuň we wagtal-wagtal garyşdyryp, 3 sagat durmaly. Eti süzüň we marinady taşlaň. Sygyr etini guradyň we mekgejöwen sepiň. Oilagy gyzdyryň we eti her tarapdan goňur bolýança gowurmaly. Şeker we çakyr sirkesi we eti ýapmak üçin ýeterlik suw goşuň. Bir gaýna getiriň, gaplaň we et ýumşaýança 1 sagat töweregi gaýnadyň.

Sygyr eti we soganly kömelek

4 adam üçin

225 gr sygyr eti

15 ml / 1 nahar çemçesi mekgejöwen uny (mekgejöwen krahmaly)

15 ml / 1 nahar çemçesi tüwi çakyry ýa-da gury şeri

15 ml / 1 nahar çemçesi soýa sousy

2,5 ml / ¬Ω çaý çemçesi şeker

45 ml / 3 çemçe nohut ýagy

1 dilim zynjyr köküni, dogralan

2,5 ml / ¬Ω çaý çemçesi duz

225 gr kömelek dilimlere kesilýär

120 ml / 4 fl oz / ¬Ω käse sygyr çorbasy

Eti däne garşy inçe dilimlere bölüň. Mekgejöwen, çakyr ýa-da şerini, soýa sousyny we şekeri garmaly, etiň içine garmaly we palta gowy garmaly. Oilagy gyzdyryp, zynjyry 1 minut gowurmaly. Gyzarýança sygyr etini we sousy goşuň. Duz we kömelek goşup, gowy garmaly. Sak goýuň, gaýnadyň we sous galyň bolýança yzygiderli garmaly.

Marinirlenen bişirilen sygyr eti

4 adam üçin

450 dilim sygyr eti, dilimlere kesilýär

2 sany sarymsak, ezilen

60 ml / 4 çemçe soýa sousy

15 ml / 1 nahar çemçesi goňur şeker

5 ml / 1 çaý çemçesi duz

30 ml / 2 nahar çemçesi nohut ýagy

Eti bir tabaga salyň we sarymsak, soýa sousy, şeker we duz goşuň. Gowy garyşdyryň, gaplaň we wagtal-wagtal garyşdyryp, takmynan 2 sagat marinat etmek üçin goýuň. Suwy çykaryň, marinady aýyryň. Oilagy gyzdyryň we eti her tarapdan goňur bolýança gowurmaly we derrew hyzmat ediň.

Kömelek bilen bişirilen sygyr eti

4 adam üçin

1 kg / 2 funt sygyr eti

duz we täze ýer burç

60 ml / 4 çemçe soýa sousy

30 ml / 2 nahar çemçesi hoisin sousy

30 ml / 2 çemçe bal

30 ml / 2 çemçe çakyr sirkesi

5 ml / 1 çaý çemçesi täze ýer burç

5 ml / 1 çaý çemçesi ýer anizi

5 ml / 1 çaý çemçesi ýer koriander

6 guradylan hytaý kömelegi

60 ml / 4 nahar çemçesi nohut ýagy

5 ml / 2 nahar mekgejöwen uny (mekgejöwen krahmaly)

15 ml / 1 nahar çemçesi suw

400 gr konserwirlenen pomidor

Zolaklara bölünen 6 sany bahar sogan (ýaşyl sogan)

2 käşir, grated

30 ml / 2 çemçe erik sousy

60 ml / 4 nahar çemçesi dogralan çaýlar

Eti vilka bilen birnäçe gezek deşiň. Duz we burç bilen möwsüm we bir tabaga salyň. Souslary, bal, şerap sirkesi, ýakymly ysly zatlary we tagamlary garmaly, etiň üstüne guýuň, gaplaň we bir gije sowadyjyda marinat etmek üçin goýuň.

Kömelekleri ýyly suwda 30 minut batyryň, soňra guradyň. Baldaklary aýyryň we gapaklaryny kesiň. Oilagy gyzdyryň we eti gowurmaly, ýygy-ýygydan goňur bolýança öwrüň. Mekgejöwen bilen suwy garmaly we pomidor bilen tabaga goşuň. Bir gaýna getiriň, gaplaň we ýumşaýança 1 ¬ sagat bişirmeli. Bahar sogan we käşir goşup, käşir ýumşaýança 10 minut gaýnamagy dowam etdiriň. Erik sousyny garmaly we 2 minut gaýnatmaly. Sousdan eti çykaryň we galyň dilimlere kesiň. Ony gyzdyrmak we çaý bilen sepilen hyzmat etmek üçin sousa salyň.

Nahar bilen gowrulan gowrulan sygyr

4 adam üçin

100 g / 4 oz inçe ýumurtga nahary

30 ml / 2 nahar çemçesi nohut ýagy

225 gr arassa sygyr eti, ownuk

30 ml / 2 çemçe soýa sousy

15 ml / 1 nahar çemçesi tüwi çakyry ýa-da gury şeri

2,5 ml / ¬Ω çaý çemçesi duz

2,5 ml / ¬Ω çaý çemçesi şeker

120 ml / 4 fl oz / ¬Ω käse suw

Naharlary biraz ýumşaýança siňdiriň, soňra süzüň we 7,5 sm dilimlere kesiň. Oilagyň ýarysyny gyzdyryp, eti altyna çenli gowurmaly. Soýa sousyny, çakyr ýa-da şeri, duz we şeker goşup, 2 minut gaýnadyň, soňra gazandan çykaryň. Galan ýagy gyzdyryň we spagetti ýag bilen örtülýänçä gowurmaly. Sygyr etiniň garyndysyny gazana gaýtaryň, suw goşuň we gaýnadyň. Suwuklyk siňýänçä 5 minut töweregi bişirmeli we gaýnatmaly.

Tüwi naharly sygyr eti

4 adam üçin

4 guradylan hytaý kömelegi
30 ml / 2 nahar çemçesi nohut ýagy
2,5 ml / ¬Ω çaý çemçesi duz
Dilimlere kesilen 225 gr sygyr eti
100 g / 4 oz bambuk baldagy, dilimlenen
Dilimlere kesilen 100 gr selderýa
1 sogan, dilimlenen
120 ml / 4 fl oz / ¬Ω käse sygyr çorbasy
2,5 ml / ¬Ω çaý çemçesi şeker
10 ml / 2 nahar mekgejöwen uny (mekgejöwen krahmaly)
5 ml / 1 çaý çemçesi soýa sousy
15 ml / 1 nahar çemçesi suw
100 gr tüwi nahary
gowurmak üçin ýag

Kömelekleri ýyly suwda 30 minut batyryň, soňra guradyň. Baldaklary aýyryň we gapaklaryny kesiň. Halfagyň ýarysyny gyzdyryp, duz we sygyr etini az-owlak gyzarýança gowurmaly, soňra gazandan çykaryň. Galan ýagy gyzdyryň we gök önümleri ýumşaýança gowurmaly. Aksiýa we şeker goşup, gaýnadyň. Eti gazana gaýtaryň, gapagyny ýapyň we 3 minut gaýnadyň. Mekgejöwen, soýa sousy we suwy birleşdirip, gazana garmaly we garyndy galyň bolýança garmaly. Bu aralykda, tüwi naharlaryny ýumşaýança birnäçe sekuntlap gowurmaly.

Sogan bilen sygyr eti

4 adam üçin

60 ml / 4 nahar çemçesi nohut ýagy
Zolaklara kesilen 300 gr sygyr eti
Zolaklara bölünen 100 g sogan
15 ml / 1 nahar çemçesi towuk çorbasy
5 ml / 1 nahar tüwi çakyry ýa-da gury şeri
5 ml / 1 çaý çemçesi şeker
5 ml / 1 çaý çemçesi soýa sousy
duz
künji ýagy

Oilagy gyzdyryň we sygyr etini we sogan bilen ýokary otda gowurmaly. Aksiýany, çakyry ýa-da şeri, şeker we soýa sousyny birleşdiriň we birleşýänçä çalt gaýnadyň. Hyzmat etmezden ozal duz we künji ýagy bilen möwsüm.

Sygyr eti we nohut

4 adam üçin

30 ml / 2 nahar çemçesi nohut ýagy
450g / 1lb sygyr eti, kesilen
2 sany sogan, dilimlenen
2 sany selderýa taýagy, dilimlere kesilýär
100 gr täze ýa-da doňdurylan nohut, eredilen
250 ml / 8 fl oz / 1 käse towuk ätiýaçlygy
15 ml / 1 nahar çemçesi soýa sousy
15 ml / 1 nahar çemçesi mekgejöwen uny (mekgejöwen krahmaly)

Oilagy gyzdyryň we sygyr etini aç-açan gyzarýança gowurmaly. 2 minut sogan, kelem we nohut we sous goşuň. Çorba we soýa sousyny goşuň, gaýnadyň, gaplaň we 10 minut gaýnadyň. Mekgejöweniň suwuny azajyk suw bilen garmaly we sousa garmaly. Sous arassalanýança we galyň bolýança yzygiderli garmaly.

Bişen sogan bilen döwülen sygyr

4 adam üçin

225 gr sygyr eti

2 bahar sogan (ýaşyl sogan), dogralan

30 ml / 2 çemçe soýa sousy

30 ml / 2 çemçe tüwi çakyry ýa-da gury şeri

30 ml / 2 nahar çemçesi nohut ýagy

1 sarymsak, ezilen

5 ml / 1 çaý çemçesi çakyr sirkesi

birnäçe damja künji ýagy

Sygyr etini däne garşy inçe dilimlere bölüň. Bahar sogan, soýa sousy we çakyr ýa-da şeri birleşdirip, etiň içine garmaly we 30 minut durmaly. Suwy çykaryň, marinady aýyryň. Oilagy gyzdyryň we sarymsagy ýeňil altyn bolýança gowurmaly. Gyzarýança sygyr etini we sousy goşuň. Sirke we künji ýagyny goşuň, gapagyny ýapyň we 2 minut gaýnadyň.

Guradylan mämişi gabygy bilen sygyr eti

4 adam üçin

Inçe dilimlenen 450g / 1lb sygyr eti

5 ml / 1 çaý çemçesi duz

gowurmak üçin ýag

30 ml / 2 nahar çemçesi nohut ýagy

100 g / 4 oz guradylan mämişi gabygy

2 guradylan çili burç, inçe kesilen

5 ml / 1 çaý çemçesi täze ýer burç

45 ml / 3 çemçe sygyr çorbasy

2,5 ml / ¬Ω çaý çemçesi şeker

15 ml / 1 nahar çemçesi tüwi çakyry ýa-da gury şeri

5 ml / 1 çaý çemçesi çakyr sirkesi

2,5 ml / ¬Ω çaý çemçesi künji ýagy

Eti duz bilen sepiň we 30 minut dynç alyň. Oilagy gyzdyryň we eti ýarym gowurmaly. Gowy aýyryň we guradyň. Oilagy gyzdyryp, apelsin gabygyny, çilini we burçuny 1 minut gowurmaly. Sygyr etini we çorbany goşup, gaýnadyň. Şeker we şerap sirkesi goşuň we ýeterlik suwuklyk galýança gaýnadyň. Şeraba sirkesi we künji ýagyny goşup, gowy garmaly. Salat ýapraklarynyň düşeginde hyzmat edilýär.

36

Oyster sousy bilen sygyr eti

4 adam üçin

15 ml / 1 nahar çemçesi nohut ýagy

2 sany sarymsak, ezilen

450 gr sygyr eti Rumpsteak dilimlere kesilýär

100 gr kömelek

15 ml / 1 nahar çemçesi tüwi çakyry ýa-da gury şeri

150 ml / ¬° pt / jomart käse towuk ätiýaçlygy ¬Ω

30 ml / 2 çemçe oyster sousy

5 ml / 1 çaý çemçesi goňur şeker

duz we täze ýer burç

4 sany bahar sogan (gabyk), dilimlenen

15 ml / 1 nahar çemçesi mekgejöwen uny (mekgejöwen krahmaly)

Oilagy gyzdyryň we sarymsagy ýeňil altyn bolýança gowurmaly. Lighteňil gyzýança biftek we kömelek we sous goşuň. 2 minut çakyr ýa-da şerif we sous goşuň. Çorba, oyster sousy we şeker we möwsüm duz we burç goşuň. Bir gaýna getirip, wagtal-wagtal garyşdyryp, 4 minut bişirmeli. Bahar sogan. Bugdaý dänesini azajyk suw bilen garmaly we gazanda garmaly. Sous arassalanýança we galyň bolýança yzygiderli garmaly.

Burç sygyr eti

4 adam üçin

Zolaklara kesilen 350 gr sygyr eti
75 ml / 5 çemçe soýa sousy
75 ml / 5 nahar çemçesi nohut ýagy
5 ml / 1 nahar çemçesi mekgejöwen uny (mekgejöwen krahmaly)
75 ml / 5 çemçe suw
2 sany sogan, dilimlenen
5 ml / 1 nahar oyster sousy
täze ýer burç
sebetler

Sygyr etini soýa sousunda, 15ml / 1 nahar çemçesi ýagda, mekgejöwen we suwda 1 sagat marinat ediň. Marinadadan eti çykaryň we gowy suwlaň. Sygyr eti we sogan sogan bolanda, galan ýagy çalaja gyzarýança gyzdyryň. Marinad we oyster sousyny we möwsümi burç bilen sahylyk bilen goşuň. Gaýnap, gaplaň we 5 minut gaýnadyň, wagtal-wagtal garyşdyryň. Spagetti käseleri bilen hyzmat ediň.

Burç biftek

4 adam üçin

45 ml / 3 çemçe nohut ýagy
5 ml / 1 çaý çemçesi duz
2 sany sarymsak, ezilen
450 gr sygyr eti inçejik dilimlere bölünýär
1 sogan
2 sany ýaşyl burç, takmynan dogralan
120 ml / 4 fl oz / ¬Ω käse sygyr çorbasy
5 ml / 1 çaý çemçesi goňur şeker
5 ml / 1 nahar tüwi çakyry ýa-da gury şeri
duz we täze ýer burç
30 ml / 2 nahar çemçesi mekgejöwen uny (mekgejöwen krahmaly)
30 ml / 2 çemçe soýa sousy

Sarymsagy az-azdan gyzarýança duz we sarymsak bilen ýagy gyzdyryň, soňra biftek goşuň we her tarapdan gyzarýança bişirmeli. Sogan we burç goşup, 2 minut gowurmaly. Çorba, şeker, çakyr ýa-da şeri we möwsümi duz we burç bilen goşuň.

Bir gaýna getirmeli, ýapmaly we 5 minut gaýnatmaly. Mekgejöwen we soýa sousyny garmaly we sousa garmaly. Sousy inçe we galyň bolýança, sousy islenýän yzygiderlilige getirmek üçin zerur bolanda azajyk suw goşuň.

Paprika bilen sygyr eti

4 adam üçin

Inçe dilimlere kesilen 350 gr sygyr eti
3 sany gyzyl çili burç, tohumly we dogralan
3 bahar sogan (ýaşyl), kesilen
2 sany sarymsak, ezilen
15 ml / 1 nahar çemçesi gara noýba sousy
1 käşir, dilimlere kesilen
Böleklere bölünen 3 sany ýaşyl burç
duz
15 ml / 1 nahar çemçesi nohut ýagy
5 ml / 1 çaý çemçesi soýa sousy
45 ml / 3 nahar çemçesi suw
5 ml / 1 nahar tüwi çakyry ýa-da gury şeri
5 ml / 1 nahar çemçesi mekgejöwen uny (mekgejöwen krahmaly)

Eti burç, bahar sogan, sarymsak, gara noýba sousy we käşir bilen 1 sagat marinat etmeli. Burçlary duzly gaýnag suwa 3 minut çalyň, soňra gowy suwlaň. Oilagy gyzdyryň we sygyr etiniň garyndysyny 2 minut gowurmaly. 3 minut paprika we sous goşuň. Soýa sousy, suw we şerap ýa-da şeri goşuň.

Mekgejöwenini azajyk suw bilen garmaly, gazana garmaly we sous galyňlaşýança yzygiderli garmaly.

Sygyr eti gök burç bilen duzlanýar

4 adam üçin

225 gr arassa sygyr eti, ownuk

1 ýumurtga ak

15 ml / 1 nahar çemçesi mekgejöwen uny (mekgejöwen krahmaly)

2,5 ml / ¬Ω çaý çemçesi duz

5 ml / 1 nahar tüwi çakyry ýa-da gury şeri

2,5 ml / ¬Ω çaý çemçesi şeker

gowurmak üçin ýag

30 ml / 2 nahar çemçesi nohut ýagy

2 sany gyzyl burç, kesilen

2 dilim zynjyr köküni, dogralan

15 ml / 1 nahar çemçesi soýa sousy

2 sany uly ýaşyl burç, kesilen

Eti ýumurtga ak, mekgejöwen, duz, çakyr ýa-da şerif we şeker bilen bir tabaga salyň we 30 minut marinat etmeli. Oilagy gyzdyryň we eti ýeňil bolýança gowurmaly. Gazandan çykaryň we gowy suwlaň. Oilagy gyzdyryp, burç we zynjyry birnäçe sekunt gowurmaly. Sygyr etini we soýa sousyny goşuň we ýumşaýança gaýnadyň. Greenaşyl burç goşup, gowy garmaly we 2 minut gaýnatmaly. Derrew hyzmat et.

Hytaý hyýarlary bilen sygyr eti

4 adam üçin

100 gr dogralan hytaý hyýar
Dänä garşy kesilen 450g / 1lb arassa biftek
30 ml / 2 çemçe soýa sousy
5 ml / 1 çaý çemçesi duz
2,5 ml / ¬Ω çaý çemçesi täze ýer burç
60 ml / 4 nahar çemçesi nohut ýagy
15 ml / 1 nahar çemçesi mekgejöwen uny (mekgejöwen krahmaly)

Ingredhli maddalary gowy garmaly we ojakdan goraýan tabaga ýerleşdiriň. Tabagy bug gazanynyň üstünde goýuň, eti bişýänçä gaýnag suwuň üstünde 40 minut gaýnadyň.

Kartoş şnitsel

4 adam üçin

450 gr biftek

60 ml / 4 nahar çemçesi nohut ýagy

5 ml / 1 çaý çemçesi duz

2,5 ml / ¬Ω çaý çemçesi täze ýer burç

1 sogan, dogralan

1 sarymsak, ezilen

Kublara kesilen 225 gr kartoşka

175 ml / 6 fl oz / ¬œ käse sygyr çorbasy

250 ml / 8 fl oz / 1 stakan dogralan selderiniň ýapraklary

30 ml / 2 nahar çemçesi mekgejöwen uny (mekgejöwen krahmaly)

15 ml / 1 nahar çemçesi soýa sousy

60 ml / 4 nahar çemçesi suw

Biftek zolaklara, soňra bolsa däne garşy inçe zolaklara bölüň. Oilagy gyzdyryp, biftek, duz, burç, sogan we sarymsak gowurmaly. Kartoşka we çorba goşup, gaýnadyň, gaplaň we 10 minut gaýnadyň. Selderey ýapraklaryny goşuň we ýumşaýança 4 minut gaýnadyň. Mekgejöwen, soýa sousy we suwy pasta garmaly, gazana goşuň we sous arassalanýança we galyňlaşýança yzygiderli garmaly.

Gyzyl gaýnadylan sygyr

4 adam üçin

450 g / 1 funt sygyr eti
120 ml / 4 fl oz / ¬Ω käse soýa sousy
60 ml / 4 çemçe tüwi çakyry ýa-da gury şeri
15 ml / 1 nahar çemçesi goňur şeker
375 ml / 13 fl oz / 1 Ω käse suw

Sygyr etini, soýa sousyny, çakyr ýa-da şerini we şekeri agyr çüýşeli tabaga goýuň we gaýnadyň. Bir ýa-da iki gezek öwrüp, 10 minut gaýnadyň. Suwda garmaly we gaýnadyň. Et ýumşaýança ýapyň we 1 sagat töweregi gaýnadyň, eger et gaty gurak bolsa, zerur bolsa nahar bişirilende azajyk gaýnag suw goşuň. Warmyly ýa-da sowuk hyzmat ediň.

Tagamly sygyr

4 adam üçin

30 ml / 2 nahar çemçesi nohut ýagy
450g / 1lb sygyr eti, kesilen
2 sany bahar sogan (ýaşyl sogan), dilimlenen
2 sany sarymsak, ezilen
1 dilim zynjyr köküni, dogralan
2 ezilen ýyldyz anise pods
250 ml / 8 fl oz / 1 stakan soýa sousy
30 ml / 2 çemçe tüwi çakyry ýa-da gury şeri
30 ml / 2 çemçe goňur şeker
5 ml / 1 çaý çemçesi duz
600 ml / 1 bal / 2 ¬Ω käse suw

Oilagy gyzdyryň we eti ýeňil bolýança gowurmaly. Artykmaç ýagy döküň we bahar sogan, sarymsak, zynjyr we aniz goşup, 2 minut gowurmaly. Soýa sousy, çakyr ýa-da şeri, şeker we duz goşup, gowy garmaly. Suw goşuň, gaýnadyň, gaplaň we 1 sagat bişirmeli. Gapagy aýryň we sous azalýança gaýnadyň.

Beer sygyry

4 adam üçin

750 g / 1¬Ω f sygyr eti, kesilen
250 ml / 8 fl oz / 1 stakan sygyr çorbasy
120 ml / 4 fl oz / ¬Ω käse soýa sousy
60 ml / 4 çemçe tüwi çakyry ýa-da gury şeri
45 ml / 3 çemçe nohut ýagy

Sygyr etini, çorbany, soýa sousyny we çakyry ýa-da şerini agyr çüýşe goýuň. Suwuk bugarýança gaýnadyň we yzygiderli garmaly. Sowatmaga we soňra sowadyjylyga rugsat beriň. Eti iki çeňňek bilen bölüň. Oilagy gyzdyryň, soňra sygyr etini goşuň we ýagda örtülýänçä çalt gowurmaly. Et doly guraýança orta otda bişirmegi dowam etdiriň. Nahar ýa-da tüwi bilen sowatmaga we hyzmat etmäge rugsat beriň.

Maşgala stili sygyr etini çekdi

4 adam üçin

225 gr ýer sygyry

15 ml / 1 nahar çemçesi soýa sousy

15 ml / 1 nahar çemçesi oyster sousy

45 ml / 3 çemçe nohut ýagy

1 dilim zynjyr köküni, dogralan

1 gyzyl burç, dogralan

Diagonally dilimlenen 4 sany selderýa

15 ml / 1 nahar çemçesi ysly noýba sousy

5 ml / 1 çaý çemçesi duz

15 ml / 1 nahar çemçesi tüwi çakyry ýa-da gury şeri

5 ml / 1 çaý çemçesi künji ýagy

5 ml / 1 çaý çemçesi çakyr sirkesi

täze ýer burç

Sygyr etini soýa sousy we oyster sousy bilen bir tabaga salyň we 30 minut marinat etmeli. Oilagy gyzdyryň we eti gyzarýança gowurmaly, soňra gazandan çykaryň. Zynjyr, çili we sous goşuň. Halfarym bişýänçä selderey we sous goşuň. Sygyr etini, ysly noýba sousyny we duz goşup, gowy garmaly. Şeraba ýa-da şerif, künji ýagy we sirke goşuň we et ýumşak bolýança we ingredientler gowy birleşýänçä gaýnadyň. Burç sepilen hyzmat et.

Ajy ysly sygyr eti

4 adam üçin

90 ml / 6 nahar çemçesi nohut ýagy
Zolaklara bölünen 450g / 1lb sygyr eti
50 g / 2 oz çili pastasy
täze ýer burç
15 ml / 1 nahar çemçesi dogralan zynjyr kökü
30 ml / 2 çemçe tüwi çakyry ýa-da gury şeri
225 gr selderýa, böleklere bölünýär
30 ml / 2 çemçe soýa sousy
5 ml / 1 çaý çemçesi şeker
5 ml / 1 çaý çemçesi çakyr sirkesi

Oilagy gyzdyryň we eti altyna çenli gowurmaly. 3 minutlap noýba we çili pastasy we sous goşuň. Zynjyr, şerap ýa-da sherri we selderini goşup, gowy garmaly. Soýa sousyny, şeker we sirke goşup, 2 minut gaýnatmaly.

Ysmanak bilen marinirlenen sygyr eti

4 adam üçin

Inçe dilimlenen 450g / 1lb sygyr eti

45 ml / 3 çemçe tüwi çakyry ýa-da gury şeri

15 ml / 1 nahar çemçesi soýa sousy

5 ml / 1 çaý çemçesi şeker

2,5 ml / ¬Ω çaý çemçesi künji ýagy

450 gr ysmanak

45 ml / 3 çemçe nohut ýagy

2 dilim zynjyr köküni, dogralan

30 ml / 2 nahar çemçesi sygyr çorbasy

5 ml / 1 nahar çemçesi mekgejöwen uny (mekgejöwen krahmaly)

Barmaklaryňyz bilen basyp, eti birneme tekizläň. Şerap ýa-da şeri, soýa sousy, şeri we künji ýagyny birleşdiriň. Et goşuň, gaplaň we wagtal-wagtal garyşdyryp, 2 sagat sowadyň. Ysmanak ýapraklaryny uly böleklere we baldaklary galyň dilimlere bölüň. 30 ml / 2 nahar çemçesi ýag gyzdyryp, ysmanak we zynjyry 2 minut gowurmaly. Gazandan çykaryň.

Galan ýagy gyzdyryň. Eti süzüň, marinady bir gyra goýuň. Gazanyň içine etiň ýarysyny goşuň, bir-birine gabat gelmez ýaly dilimleri ýaýlaň. Iki tarapynda-da ýeňil gyzýança 3 minut töweregi bişirmeli. Gazandan çykaryň we galan eti gözläň, soňra gazandan çykaryň. Çorbany we mekgejöweni marinada garmaly. Garyndyny gazana goşuň we gaýnadyň. Ysmanak ýapraklaryny, baldaklaryny we zynjyry goşuň. Ysmanak ýumşaýança takmynan 3 minut gaýnadyň, soňra et goşuň. Anotherene bir minut bişirmeli we derrew hyzmat et.

Gara noýba we bahar soganly sygyr eti

4 adam üçin

225 gr ýuka sygyr, inçe dilimlere kesilýär

1 ýumurtga, ýeňil urulýar

5 ml / 1 çaý çemçesi ýeňil soýa sousy

2,5 ml / ¬Ω çaý çemçesi tüwi çakyry ýa-da gury şeri

2,5 ml / ¬Ω çaý çemçesi mekgejöwen uny (mekgejöwen krahmaly)

250 ml / 8 fl oz / 1 stakan nohut ýagy

2 sany sarymsak, ezilen

30 ml / 2 çemçe gara noýba sousy

15 ml / 1 nahar çemçesi suw

Diagonally dilimlenen 6 sany bahar sogan

2 dilim zynjyr köküni, dogralan

Eti ýumurtga, soýa sousy, çakyr ýa-da şeri we mekgejöwen bilen garmaly. 10 minut duruň. Oilagy gyzdyryň we eti gutarýança gowurmaly. Gazandan çykaryň we gowy suwlaň. 15 ml / 1 nahar çemçesi ýagdan, otdan, hemmesini sarymsak we gara noýba sousundan 30 sekunt guýuň. Sygyr etini, suwy goşuň we et ýumşaýança 4 minut gaýnadyň.

Bu aralykda, ýene 15 ml / 1 çaý çemçesi ýag gyzdyryp, bahar sogan we zynjyry gysga wagtda gowurmaly. Eti ýyly tabakda goýuň, bahar sogan bilen bezeliň we hyzmat ediň.

Sygyr etini bahar sogan bilen gowurmaly

4 adam üçin

45 ml / 3 çemçe nohut ýagy

225 gr ýuka sygyr, inçe dilimlere kesilýär

Dilimlenen 8 bahar sogan (ýaşyl sogan)

75 ml / 5 çemçe soýa sousy

15 ml / 1 nahar çemçesi tüwi çakyry ýa-da gury şeri

30 ml / 2 çemçe künji ýagy

Oilagy gyzdyryň we sygyr etini we sogan bilen gowurmaly. Soýa sousyny, şeraby ýa-da şerini goşuň we et öz islegiňizçe bişýänçä gaýnadyň. Hyzmat etmezden ozal künji ýagyny garmaly.

Balyk sousy bilen sygyr we bahar sogan

4 adam üçin

Inçe dilimlere kesilen 350 gr sygyr eti

15 ml / 1 nahar çemçesi mekgejöwen uny (mekgejöwen krahmaly)

15 ml / 1 nahar çemçesi suw

2,5 ml / ¬Ω çaý çemçesi tüwi çakyry ýa-da gury şeri

bir çümmük çörek sodasy (çörek sodasy)

bir çümmük duz

45 ml / 3 çemçe nohut ýagy

5 sm / 2 bölege bölünen 6 sany täze sogan (ýaşyl sogan)

2 sany sarymsak, ezilen

2 dilim dogralan zynjyr

5 ml / 1 çaý çemçesi balyk sousy

2,5 ml / ¬Ω çaý çemçesi oyster sousy

Eti mekgejöwen, suw, çakyr ýa-da şerifde, çörek bişirilen soda we duzda 1 sagat marinat etmeli. 30ml / 2 nahar çemçesi ýagy gyzdyryň we sygyr etini bahar sogan, ýarysy sarymsak we zynjyr bilen gyzarýança gowurmaly. Bu aralykda, galan ýagy gyzdyryň we galan bahar sogan, sarymsak we zynjyry balyk sousy we oyster sousy bilen ýumşaýança gowurmaly. Ikisini garyşdyryň we hyzmat etmezden ozal gyzdyryň.

Bişirilen sygyr eti

4 adam üçin

450 dilim sygyr eti, dilimlere kesilýär
5 ml / 1 nahar çemçesi mekgejöwen uny (mekgejöwen krahmaly)
2 dilim zynjyr köküni, dogralan
15 ml / 1 nahar çemçesi soýa sousy
15 ml / 1 nahar çemçesi tüwi çakyry ýa-da gury şeri
2,5 ml / ¬Ω çaý çemçesi duz
2,5 ml / ¬Ω çaý çemçesi şeker
15 ml / 1 nahar çemçesi nohut ýagy
2 bahar sogan (ýaşyl sogan), dogralan
15 ml / 1 nahar çemçesi dogralan tekiz petruşka

Eti bir tabaga goýuň. Mekgejöwen, zynjyr, soýa sousy, çakyr ýa-da sherri, duz we şeker birleşdiriň, soňra etiň içine garmaly. Wagtal-wagtal garyşdyryp, 30 minut duruň. Sygyr etiniň dilimlerini ýalpak gaba salyň we ýag we bahar sogan bilen sepiň. Et bişýänçä, panjara gaýnag suwuň üstünde 40 minut gaýnatmaly. Petruşka sepilen hyzmat et.

Bişirilen sygyr eti

4 adam üçin

15 ml / 1 nahar çemçesi nohut ýagy

1 sarymsak, ezilen

1 dilim zynjyr köküni, dogralan

450 g / 1 f

45 ml / 3 çemçe soýa sousy

30 ml / 2 çemçe tüwi çakyry ýa-da gury şeri

15 ml / 1 nahar çemçesi goňur şeker

300 ml / ¬Ω pt / 1¬° käse towuk ätiýaçlygy

2 sogan

2 käşir, galyň dilimlere kesilen

100 gr dogralan kelem

Sarymsagy sarymsak we zynjyr bilen gyzdyryň we sarymsak ýeňil bolýança gowurmaly. Bişirilençä 5 minutlap biftek we sous goşuň. Soýa sousy, çakyr ýa-da şeri we şeker goşuň, gapagyny ýapyň we 10 minut gaýnadyň. Çorbany döküň, gaýnadyň, gaplaň we 30 minut gaýnadyň. Sogan, käşir we kelem goşuň, ýapyň we ýene 15 minut gaýnadyň.

Bişirilen sygyr eti

4 adam üçin

450 g / 1 funt sygyr eti

45 ml / 3 çemçe nohut ýagy

3 sany bahar sogan (ýaşyl sogan), dilimlenen

Dilimlenen zynjyr köküniň 2 bölegi

1 sarymsak, ezilen

120 ml / 4 fl oz / ¬Ω käse soýa sousy

5 ml / 1 çaý çemçesi şeker

45 ml / 3 çemçe tüwi çakyry ýa-da gury şeri

3 ýyldyzly anise pods

4 käşir, dogralan

225 gr hytaý kelem

15 ml / 1 nahar çemçesi mekgejöwen uny (mekgejöwen krahmaly)

45 ml / 3 nahar çemçesi suw

Eti gazana salyň we suw bilen ýapyň. Gaýnap, gaplaň we et ýumşaýança 1 ¬ sagat gaýnadyň. Gazandan çykaryň we gowy suwlaň. 2,5 sm / 1 kub kesiň we 250 ml / 8 fl oz / 1 käse ätiýaçda saklaň.

Oilagy gyzdyryp, bahar sogan, zynjyr we sarymsagy birnäçe sekunt gowurmaly. Soýa sousy, şeker, çakyr ýa-da şeri goşuň we ýyldyz anizini gowy garmaly. Sygyr eti we ätiýaçlyk çorba goşuň. Bir gaýna getirmeli, gapagyny ýapmaly we 20 minut gaýnatmaly. Bu aralykda, hytaý kelemini ýumşaýança gaýnag suwda bişirmeli. Eti we gök önümleri ýyly hyzmat ediş tabagyna geçiriň. Mekgejöwen we suwy pasta garmaly, sousa garmaly we sous düşýänçä we galyň bolýança yzygiderli garmaly. Sygyr etiniň üstüne döküň we hytaý kelemi bilen hyzmat ediň.

Sygyr etini gowurmak

4 adam üçin

225 gr sygyr eti

45 ml / 3 çemçe nohut ýagy

1 dilim zynjyr köküni, dogralan

2 sany sarymsak, ezilen

2 bahar sogan (ýaşyl sogan), dogralan

Dilimlere bölünen 50 gr kömelek

1 gyzyl burç, dilimlere kesilen

225 gr karam gülleri

50 gr gar nohut

30 ml / 2 çemçe soýa sousy

15 ml / 1 nahar çemçesi mekgejöwen uny (mekgejöwen krahmaly)

15 ml / 1 nahar çemçesi tüwi çakyry ýa-da gury şeri

120 ml / 4 fl oz / ¬Ω käse sygyr çorbasy

Eti däne garşy inçe dilimlere bölüň. Halfagynyň ýarysyny gyzdyryp, zynjyr, sarymsak we bahar sogan bilen gowurmaly. Sygyr etini we sousy gyzarýança goşuň, soňra gazandan çykaryň. Galan ýagy gyzdyryň we gök önümleri ýag bilen örtülýänçä gowurmaly. Aksiýany garmaly, gaýnadyň, gök önümler ýumşak, ýöne henizem gysylýança gaýnadyň. Soýa sousyny, mekgejöwen we şerap ýa-da şerini birleşdirip, gazanda garmaly. Sous galyňlaşýança, bulamaly.

biftek zolaklary

4 adam üçin

450 g / 1 funt biftek

120 ml / 4 fl oz / ¬Ω käse soýa sousy

120 ml / 4 fl oz / ¬Ω käse towuk ätiýaçlygy

Zynjyr köküniň diliminde 1 sm / ¬Ω

2 sany sarymsak, ezilen

30 ml / 2 çemçe tüwi çakyry ýa-da gury şeri

15 ml / 1 nahar çemçesi goňur şeker

15 ml / 1 nahar çemçesi nohut ýagy

Doňduryjyda biftek gyzdyryň we uzyn inçe dilimlere bölüň. Galan ähli maddalary garyşdyryň we garyndynyň biftekini takmynan 6 sagat marinat ediň. Biftek bilen nemlendirilen agaç skewerlere we panjara birnäçe minutlap isleýşiňiz ýaly bişýänçä, marinad bilen wagtal-wagtal içiň.

Süýji kartoşka bilen bişirilen sygyr

4 adam üçin

Inçe dilimlenen 450g / 1lb sygyr eti
15 ml / 1 nahar çemçesi gara noýba sousy
15 ml / 1 nahar çemçesi süýji noýba sousy
15 ml / 1 nahar çemçesi soýa sousy
5 ml / 1 çaý çemçesi şeker
2 dilim zynjyr köküni, dogralan
2 sany süýji kartoşka, dogralan
30 ml / 2 nahar çemçesi nohut ýagy
100 gr çörek bölekleri
15 ml / 1 nahar çemçesi künji ýagy
3 sany bahar sogan (ýaşyl sogan), inçe kesilen

Sygyr etini noýba souslary, soýa sousy, şeker we zynjyr bilen bir tabaga goýuň we 30 minut marinat etmeli. Marinadadan eti çykaryň we süýji kartoşka goşuň. 20 minut duruň. Kartoşkany kiçijik bambuk gazanyň düýbünde tertipläň. Sygyr etini çörek bölekleri bilen örtüň we kartoşkanyň üstünde goýuň. 40 minut gaýnag suwuň üstünde ýapyň we gaýnadyň.

Künji ýagyny gyzdyryp, üstündäki bahar soganyny birnäçe sekund gowurmaly. Etiň üstüne bir çemçe goýuň we hyzmat ediň.

Sygyr etiniň bir bölegi

4 adam üçin

450 g / 1 funt sygyr eti

45 ml / 3 çemçe tüwi çakyry ýa-da gury şeri

15 ml / 1 nahar çemçesi soýa sousy

10 ml / 2 nahar çemçesi sousy

5 ml / 1 çaý çemçesi şeker

5 ml / 1 nahar çemçesi mekgejöwen uny (mekgejöwen krahmaly)

2,5 ml / ¬Ω çaý çemçesi çörek sodasy (çörek bişirmek)

bir çümmük duz

1 sarymsak, ezilen

30 ml / 2 nahar çemçesi nohut ýagy

Inçe dilimlenen 2 sogan

Eti inçejik dilimlere bölüň. Şerap ýa-da şeri, soýa sousy, oyster sousy, şeker, mekgejöwen, çörek bişirilýän soda, duz we sarymsagy birleşdiriň. Et goşuň, ýapyň we azyndan 3 sagat sowadyň. Oilagy gyzdyryp, sogan atýança 5 minut töweregi gowurmaly. Warmyly hyzmat edýän tabaga geçiriň we ýyly saklaň. Tohana biraz et goşuň, bir-birine gabat gelmez ýaly dilimleri ýaýlaň. Altyna çenli her tarapynda takmynan 3 minut gowurmaly, soňra soganam üstüne goýuň we galan eti gowurmagy dowam etdiriň.

sygyr eti tosty

4 adam üçin

4 dilim sygyr eti

1 ýumurtga, ýenjildi

50 g / 2 oz / ¬Ω käse hoz, dogralan

4 dilim çörek

gowurmak üçin ýag

Sygyr etiniň dilimlerini tekizläň we ýumurtga bilen gowy ýuwuň. Nok bilen sepiň we bir bölek çörek bilen ýapyň. Oilagy gyzdyryň we sygyr etiniň we çöregiň dilimlerini takmynan 2 minut gowurmaly. Oilagdan çykaryň we sowadyň. Oilagy gyzdyryp, altyna çenli gowurmaly.

Sygyr eti - grated çili

4 adam üçin

225 gr arassa sygyr eti, ownuk

1 ýumurtga ak

2,5 ml / ¬Ω çaý çemçesi künji ýagy

5 ml / 1 nahar çemçesi mekgejöwen uny (mekgejöwen krahmaly)

bir çümmük duz

250 ml / 8 fl oz / 1 stakan nohut ýagy

100 g guradylan tofu zolaklara bölünýär

Zolaklara kesilen 5 sany gyzyl çili burç

15 ml / 1 nahar çemçesi suw

1 dilim zynjyr köküni, dogralan

10 ml / 2 çaý çemçesi soýa sousy

Sygyr etini ýumurtga ak, künji ýagynyň ýarysy, mekgejöwen we duz bilen garmaly. Oilagy gyzdyryň we gaýnap bolýança eti gowurmaly. Gazandan çykaryň. Tofu tabaga goşuň we 2 minut bişirmeli, soňra gazandan çykaryň. Paprika we sousy 1 minut goşuň. Tofu gazana suw, zynjyr we soýa sousy bilen gaýnadyň we gowy garmaly. Sygyr etini we sousy goşuň. Galan künji ýagy bilen sepilen hyzmat ediň.

Pomidor bilen sygyr eti

4 adam üçin

30 ml / 2 nahar çemçesi nohut ýagy
3 bahar sogan (ýaşyl), kesilen
Zolaklara kesilen 225 gr sygyr eti
60 ml / 4 nahar çemçesi sygyr çorbasy
15 ml / 1 nahar çemçesi mekgejöwen uny (mekgejöwen krahmaly)
45 ml / 3 nahar çemçesi suw
4 pomidor, gabykly we gabykly

Oilagy gyzdyryň we bahar soganyny ýumşaýança gowurmaly. Gyzarýança sygyr etini we sousy goşuň. Çorbanyň üstüne döküň, gaýnadyň, gaplaň we 2 minut gaýnadyň. Mekgejöwen bilen suwy birleşdirip, gazana garmaly we sous galyň bolýança garmaly. Pomidorlary garmaly we ýyly bolýança gaýnatmaly.

Çig mal bilen gaýnadylan sygyr

4 adam üçin

450 g / 1 funt sygyr eti

1 dilim zynjyr köküni, dogralan

1 bahar sogan (ownuk), dogralan 120 ml / 4 fl oz / ½ käse

tüwi çakyry ýa-da gury şeri

250 ml / 8 fl oz / 1 stakan suw

2 ýyldyzly anise pods

1 ownuk şugundyr, kesilen

120 ml / 4 fl oz / ½ käse soýa sousy

15 ml / 1 nahar çemçesi şeker

Sygyr etini, zynjyry, bahar sogan, şerap ýa-da şerini, suwy goýuň we galyň aşagy bilen gazana atyň, gaýnadyň, gaplaň we 45 minut bişirmeli. Çig mal, soýa sousy we şeker goşuň we zerur bolsa azajyk suw guýuň, ýene gaýnadyň, gaplaň we et ýumşaýança ýene 45 minut gaýnadyň. Salkyn bolsun. Sousdan sygyr etini we kanolany aýyryň. Sygyr etini dilimläň we şugundyr bilen tabakda goýuň. Sousy süzüň we sowuga hyzmat ediň.

Gök önümler bilen sygyr eti

4 adam üçin

225 gr sygyr eti

15 ml / 1 nahar çemçesi mekgejöwen uny (mekgejöwen krahmaly)

15 ml / 1 nahar çemçesi soýa sousy

15 ml / 1 nahar çemçesi tüwi çakyry ýa-da gury şeri

2,5 ml / ¬Ω çaý çemçesi şeker

45 ml / 3 çemçe nohut ýagy

1 dilim zynjyr köküni, dogralan

2,5 ml / ¬Ω çaý çemçesi duz

Dilimlere kesilen 100 gr sogan

2 sany selderýa taýagy, dilimlere kesilýär

1 gyzyl burç, dilimlere kesilen

100 g / 4 oz bambuk baldagy, dilimlenen

Dilimlere kesilen 100 gr käşir

120 ml / 4 fl oz / ¬Ω käse sygyr çorbasy

Eti inçejik dilimlere bölüň we bir tabaga goýuň. Mekgejöwen, soýa sousyny, çakyr ýa-da şerini we şekeri garmaly, etiň üstüne guýuň we palta zyňyň. Wagtal-wagtal öwrüp, 30 minut dynç alyň. Halfagyň ýarysyny gyzdyryň we eti goňur bolýança gowurmaly, soňra gazandan çykaryň. Galan ýagy gyzdyryň, zynjyrda we duzda garmaly, soňra ýagda örtülýänçä gök önümleri we sousy goşuň. Aksiýany garmaly, gaýnadyň, gök önümler ýumşak, ýöne henizem gysylýança gaýnadyň. Eti tabaga gaýtaryň we gyzdyrmak üçin 1 minut töweregi pes otda garmaly.

Bişirilen sygyr eti

4 adam üçin

350g / 12oz Doňlan gowrulan sygyr eti

30 ml / 2 çemçe şeker

30 ml / 2 çemçe tüwi çakyry ýa-da gury şeri

30 ml / 2 çemçe soýa sousy

5 ml / 1 nahar darçyn

2 bahar sogan (ýaşyl sogan), dogralan

1 dilim zynjyr köküni, dogralan

45 ml / 3 çemçe künji ýagy

Gazanyň suwuny gaýnadyň, et goşuň, suwy gaýnadyň we eti möhürlemek üçin ýiti gaýna getiriň. Gazandan çykaryň. Eti arassa tabaga salyň we 15ml / 1 nahar çemçesi ýagyny saklap, beýleki maddalary goşuň. Gazany eti ýapmak üçin ýeterlik suw bilen dolduryň, gaýnadyň, gaplaň we et ýumşaýança 1 sagat gaýnadyň. Hyzmat etmezden ozal galan künji ýagyny çalyň.

doldurylan biftek

4 adam üçin 6

Bir bölekde 675 g / 1¬Ω fb biftek

60 ml / 4 çemçe çakyr sirkesi

30 ml / 2 çemçe şeker

10 ml / 2 çaý çemçesi soýa sousy

2,5 ml / ¬Ω çaý çemçesi täze ýer burç

2,5 ml / ¬Ω çaý çemçesi tutuş ýorunja

5 ml / 1 çaý çemçesi darçyn tozy

1 aýlag ýapragy, ezilen

225 gr bişirilen uzyn däne tüwi

5 ml / 1 çaý çemçesi dogralan täze petruşka

bir çümmük duz

30 ml / 2 nahar çemçesi nohut ýagy

30 ml / 2 çemçe lard

1 sogan, dilimlenen

Biftek uly gaba salyň. Şerap sirkesini, şeker, soýa sousy, burç, ýorunja, darçyn we aýlaw ýapragyny gazanda gaýnadyň we sowadyň. Biftekiň üstüne döküň, gaplaň we sowadyjyda bir gije marinat etmek üçin goýuň, wagtal-wagtal öwrüň.

Tüwi, petruşka, duz we ýag garmaly. Eti süzüň we biftek bilen garyndy bilen örtüň, togalamaly we goşa daňyň. Çorbany erediň, sogan we biftek goşuň we her tarapdan goňur bolýança gowurmaly. Biftegi ýapmak, ýapmak we 1 ¬ sagatlap ýa-da et ýumşaýança ýeterlik suw guýuň.

Sygyr eti

4 adam üçin

450g / 1lb ýönekeý un (ähli maksat)

1 paket ýeňil garylan hamyrmaýa

10 ml / 2 çaý çemçesi granulirlenen şeker

5 ml / 1 çaý çemçesi duz

300 ml / ¬Ω pt / 1¬° käse gyzgyn süýt ýa-da suw

30 ml / 2 nahar çemçesi nohut ýagy

225 gr ýer sygyry (ownuk)

1 sogan, dogralan

2 bölek baldak zynjyr, dogralan

50 gr dogralan kawa hozy

Bäş hoşboý poroşokdan 2,5 ml / ¬Ω çaý çemçesi

15 ml / 1 nahar çemçesi soýa sousy

30 ml / 2 nahar çemçesi hoisin sousy

2,5 ml / ¬Ω çaý çemçesi çakyr sirkesi

15 ml / 1 nahar çemçesi mekgejöwen uny (mekgejöwen krahmaly)

45 ml / 3 nahar çemçesi suw

Un, hamyr tozany, şeker, duz we süýt ýa-da ýyly suw garmaly we tekiz bolýança garmaly. Gaplaň we 45 minut ýokary otda galmak üçin goýuň. Oilagy gyzdyryň we eti ýeňil bolýança gowurmaly. Sogan, zynjyr, kawaý, bäş sany ýakymly ys, soýa sousy, hozin sousy we çakyr sirkesi goşup, gaýnadyň. Mekgejöwen bilen suwy garmaly, sousa garmaly we 2 minut bişirmeli. Salkyn bolsun. Hamyry 16 topa öwüriň. Tekiz basyň, hersine azajyk doldurgyç guýuň we hamyry dolduryň. Bug sebedine gazana ýa-da gazana salyň, duzly suwda 30 minut töweregi gaýnadyň.

Çişik köfte

4 adam üçin

225 gr ýer sygyry (ownuk)
100 gr dogralan suw kashtan
2 ýumurtga
5 ml / 1 çaý çemçesi grated apelsin gabygy
5 ml / 1 çaý çemçesi dogralan zynjyr kökü
5 ml / 1 çaý çemçesi duz
15 ml / 1 nahar çemçesi mekgejöwen uny (mekgejöwen krahmaly)
225 g / 8 oz / 2 stakan ýönekeý un (ähli maksatly)
5 ml / 1 nahar çörek
300 ml / ¬Ω pt / 1¬Ω käse suw
15 ml / 1 nahar çemçesi nohut ýagy
gowurmak üçin ýag

Sygyr etini, suw kashtanlaryny, 1 ýumurtga, mämişi sarymsak, zynjyr, duz we mekgejöwen birleşdiriň. Toplara şekillendiriň. Bir tabaga gaýnag suwuň üstünde bugda goýuň we bişýänçä 20 minut töweregi bişirmeli. Salkyn bolsun.

Galyň pasta emele gelýänçä uny, hamyr tozanyny, galan ýumurtgany, suwy we hoz (nohut) ýagyny garmaly. Çorbalary batyrga batyryň. Oilagy gyzdyryň we köfte altyn bolýança gowurmaly.

Kawa hozy bilen sygyr eti

4 adam üçin

450g / 1lb sygyr eti (ownuk)
¬Ω ýumurtga ak
5 ml / 1 nahar oyster sousy
5 ml / 1 çaý çemçesi ýeňil soýa sousy
birnäçe damja künji ýagy
25 gr dogralan täze petruşka
45 ml / 3 çemçe nohut ýagy
25 g / 1 oz / ¬° käse kawaý, dogralan
15 ml / 1 nahar çemçesi sygyr çorbasy
4 sany uly salat ýapragy

Eti ýumurtga ak, oyster sousy, soýa sousy, künji ýagy we petruşka bilen garmaly we durmaly. Halfagynyň ýarysyny gyzdyryň we kawaýlary çalaja gyzarýança gowurmaly, soňra gazandan çykaryň. Galan ýagy gyzdyryň we et garyndysyny gyzarýança gowurmaly. Bir stocka goşuň we suwuklygyň köp bölegi buglanýança bişirmegi dowam etdiriň. Salat ýapraklaryny ýyly tabakda tertipläň we etiň içine çemçe. Bişen kawaýlara sepilen hyzmat ediň

Gyzyl sousda sygyr eti

4 adam üçin

60 ml / 4 nahar çemçesi nohut ýagy

450g / 1lb sygyr eti (ownuk)

1 sogan, dogralan

1 gyzyl burç, dogralan

1 ýaşyl burç, dogralan

2 dilim ananas, dogralan

45 ml / 3 çemçe soýa sousy

45 ml / 3 çemçe gury ak şerap

30 ml / 2 çemçe çakyr sirkesi

30 ml / 2 çemçe bal

300 ml / ¬Ω pt / 1¬° käse sygyr çorbasy

duz we täze ýer burç

birnäçe damja çili ýagy

Oilagy gyzdyryň we eti ýeňil bolýança gowurmaly. Gök önümleri, ananas we sousy 3 minut goşuň. Soýa sousy, çakyr, çakyr sirkesi, bal we çorba goşuň. Bir gaýna getiriň, gaplaň we bişýänçä 30 minut bişirmeli. Duz, burç we çili ýagy bilen möwsüm.

Yapyşan tüwi bilen sygyr toplary

4 adam üçin

225 gr glýutin tüwi

450 g / 1 funt sygyr eti, ýer (dogralan)

1 dilim zynjyr köküni, dogralan

1 ownuk sogan, dogralan

1 ýumurtga, ýeňil urulýar

15 ml / 1 nahar çemçesi soýa sousy

2,5 ml / ¬Ω çaý çemçesi mekgejöwen uny (mekgejöwen krahmaly)

2,5 ml / ¬Ω çaý çemçesi şeker

2,5 ml / ¬Ω çaý çemçesi duz

5 ml / 1 nahar tüwi çakyry ýa-da gury şeri

Tüwini 30 minut batyryň, soňra suw guýuň we tabaga ýaýlaň. Sygyr etini, zynjyry, sogan, ýumurtga, soýa sousy, mekgejöwen, şeker, duz, çakyr ýa-da şeri birleşdiriň. Hoz ölçegli toplara emele geliň. Çorbalary tüwiniň içine dolulygyna ýapyň, soňam boşluklary bolan ýalpak çörek bişiriň. Griliň üstünde 30 minut gaýnag suwda gaýnatmaly. Soya sousy we hytaý gorçisa souslary bilen hyzmat edilýär.

Süýji we turş sousundaky köfte

4 adam üçin

450g / 1lb sygyr eti (ownuk)

1 inçe dogralan sogan

25 g inçejik dogralan suw kashtanlary

15 ml / 1 nahar çemçesi soýa sousy

15 ml / 1 nahar çemçesi tüwi çakyry ýa-da gury şeri

1 ýumurtga, ýenjildi

100 g / 4 oz / ¬Ω käse mekgejöwen (mekgejöwen)

gowurmak üçin ýag

Sous üçin:

15 ml / 1 nahar çemçesi nohut ýagy

1 ýaşyl burç, kesilen

100 gr ananas siropda böleklere bölünýär

100 g / 4 oz garylan hytaý süýji duzlary

100 g / 4 oz / ¬Ω käse goňur şeker

120 ml / 4 fl oz / ¬Ω käse towuk ätiýaçlygy

60 ml / 4 çemçe çakyr sirkesi

15 ml / 1 nahar çemçesi pomidor püresi (makaron)

15 ml / 1 nahar çemçesi mekgejöwen uny (mekgejöwen krahmaly)

15 ml / 1 nahar çemçesi soýa sousy
duz we täze ýer burç
45 ml / 3 çemçe grated kokos

Sygyr etini, sogan, suw kashtan, soýa sousy we çakyr ýa-da şeri birleşdiriň. Toplara şekillendiriň we urlan ýumurtga, soňra mekgejöweniň içine batyryň. Gyzgyn ýagda altyna çenli birnäçe minut gowurmaly. Warmyly hyzmat edýän tabaga geçiriň we ýyly saklaň.

Bu aralykda ýagy gyzdyryp, burç 2 minut gowurmaly. 30 ml / 2 nahar çemçesi ananas siropy, 15 ml / 1 nahar çemçesi turş sirkesi, şeker, çorba, çakyr sirkesi, pomidor pastasy, mekgejöwen we soýa sousy goşuň. Gowy garyşdyryň, gaýnadyň we gaýnadyň, garyndy aýdyň we galyň bolýança yzygiderli garmaly. Galan ananasy we duzy süzüň we gazana goşuň. 2 minutlap yzygiderli garmaly. Çorbalaryň üstüne döküň we kokos sepilen hyzmat ediň.

Bugly et çukury

4 adam üçin

6 guradylan hytaý kömelegi

225 gr ýer sygyry (ownuk)

225 g / 8 oz ýerdäki doňuz eti (ýer)

1 sogan, dogralan

20 ml / 2 nahar çemçesi mango çeýnesi

30 ml / 2 nahar çemçesi hoisin sousy

30 ml / 2 çemçe soýa sousy

5 ml / 1 çaý çemçesi bäş ysly poroşok

1 sarymsak, ezilen

5 ml / 1 çaý çemçesi duz

1 ýumurtga, ýenjildi

45 ml / 3 nahar çemçesi mekgejöwen uny (mekgejöwen krahmaly)

60 ml / 4 nahar çemçesi dogralan çaýlar

Kelemiň 10 ýapragy

300 ml / ¬Ω pt / 1¬° käse sygyr çorbasy

Kömelekleri ýyly suwda 30 minut batyryň, soňra guradyň. Gapaklary taşlaň we kesiň. Grounder sygyry, sogan, sogan, hozin sousy, soýa sousy, bäş hoşboý poroşok we sarymsak we möwsümi duz bilen garmaly. Eggumurtga we mekgejöwen goşup, çaýlara garmaly. Bug sebedini kelem ýapraklary bilen çyzyň. Haşy tort görnüşinde şekillendiriň we çörek bişirilýän ýerlere ýerleşdiriň. 30 minutlap pes otda gaýnadylan et çorbasyny ýapyň we gaýnadyň.

Bugly sygyr eti

4 adam üçin

450g / 1lb sygyr eti (ownuk)
2 sogan, inçe kesilen
100 g inçejik dogralan suw kashtanlary
dogralan
60 ml / 4 çemçe soýa sousy
60 ml / 4 çemçe tüwi çakyry ýa-da gury şeri
duz we täze ýer burç

Ingredhli ingredientleri, möwsümi duz we burç bilen garmaly. Heatylylyga çydamly kiçijik bir tabaga basyň we gaýnag suwuň üstünde bugda duruň. Et bişýänçä we tagamly sous emele gelýänçä, 20 minut töweregi ýapyň we gaýnadyň.

Oster sousy bilen gowrulan gowrulan ownuk et

4 adam üçin

30 ml / 2 nahar çemçesi nohut ýagy

2 sany sarymsak, ezilen

225 gr ýer sygyry (ownuk)

1 sogan, dogralan

50 gr dogralan suw kashtan

50 gr dogralan bambuk baldagy

15 ml / 1 nahar çemçesi soýa sousy

30 ml / 2 çemçe tüwi çakyry ýa-da gury şeri

15 ml / 1 nahar çemçesi oyster sousy

Oilagy gyzdyryň we sarymsagy ýeňil altyn bolýança gowurmaly. Et goşuň we her tarapdan gyzarýança garmaly. Sogan, suw kashtan we bambuk baldaklaryny we sousy 2 minut goşuň. Soýa sousyny, çakyr ýa-da şerini goşuň, gapagyny ýapyň we 4 minut gaýnadyň.

Sygyr eti

4 adam üçin

350 g / 12 oz ýer sygyr eti (ýer)

1 ýumurtga, ýenjildi

5 ml / 1 nahar çemçesi mekgejöwen uny (mekgejöwen krahmaly)

5 ml / 1 çaý çemçesi nohut ýagy

duz we täze ýer burç

4 bahar sogan (ýaşyl sogan), dogralan

Bişirmek üçin 8 sany bahar ýagy

Sygyr etini, ýumurtga, mekgejöwen, ýag, duz, burç we bahar sogan bilen garmaly. 1 sagat duruň. Garyndynyň bir nahar çemçesini her ýaz ýazgy kagyzyna taşlaň, düýbüni epiň, gapdallaryna bukuň, soňra listleri aýlaň we gyralaryny azajyk suw bilen möhürläň. Oilagy gyzdyryň we rulonlary altyn bolýança gowurmaly we bişýänçä gowurmaly. Hyzmat etmezden ozal gowy suwlaň.

Sygyr eti we ysmanak köfte

4 adam üçin

450g / 1lb sygyr eti (ownuk)

1 ýumurtga

100 gr çörek bölekleri

60 ml / 4 nahar çemçesi suw

15 ml / 1 nahar çemçesi mekgejöwen uny (mekgejöwen krahmaly)

2,5 ml / ¬Ω çaý çemçesi duz

15 ml / 1 nahar çemçesi tüwi çakyry ýa-da gury şeri

30 ml / 2 nahar çemçesi nohut ýagy

45 ml / 3 çemçe soýa sousy

120 ml / 4 fl oz / ¬Ω käse sygyr çorbasy

350 gr dogralan ysmanak

Sygyr etini, ýumurtgany, çörek böleklerini, suwy, mekgejöwen, duz, çakyr ýa-da şerini birleşdiriň. Hoz ölçegli toplara emele geliň. Oilagy gyzdyryň we köfteleri her tarapdan goňur bolýança gowurmaly. Gazandan çykaryň we artykmaç ýag guýuň. Gazana soýa sousyny we ätiýaçlyk goşuň we köfte öwüriň. Bir gaýna getiriň, gaplaň we 30 minut bişirmeli, wagtal-wagtal bulamaly. Ysmanagy ýumşak bolýança aýratyn gazanda gaýnadyň, soňra etiň içine garmaly we gyzdyryň.

Tofu bilen gowrulan gowrulan sygyr

4 adam üçin

20 ml / 4 nahar mekgejöwen uny (mekgejöwen krahmaly)
10 ml / 2 çaý çemçesi soýa sousy
10 ml / 2 nahar tüwi çakyry ýa-da gury şeri
225 gr ýer sygyry (ownuk)
2,5 ml / ¬Ω çaý çemçesi şeker
30 ml / 2 nahar çemçesi nohut ýagy
2,5 ml / ¬Ω çaý çemçesi duz
1 sarymsak, ezilen
120 ml / 4 fl oz / ¬Ω käse sygyr çorbasy
225 gr dogramaly tofu
2 bahar sogan (ýaşyl sogan), dogralan
bir çümmük täze ýer burç

Mekgejöweniň ýarysyny, soýa sousynyň ýarysyny, çakyryň ýa-da şeriniň ýarysyny birleşdiriň. Sygyr etine goşuň we gowy garmaly. Oilagy gyzdyryp, duz we sarymsagy birnäçe sekunt gowurmaly. Gyzarýança sygyr etini we sousy goşuň. Bir stocka goşup, gaýnadyň. Tofu goşuň, gapagyny ýapyň we 2 minut gaýnadyň. Galan mekgejöwen, soýa sousy we çakyr ýa-da şerini birleşdiriň, gazana goşuň we sous galyň bolýança garmaly.

Asparagusly guzy

4 adam üçin

350 gr asparagus

450g / 1lb arkaýyn guzy

45 ml / 3 çemçe nohut ýagy

duz we täze ýer burç

2 sany sarymsak, ezilen

250 ml / 8 fl oz / 1 stakan çorba

1 pomidor, gabykly we gabyklara kesilen

15 ml / 1 nahar çemçesi mekgejöwen uny (mekgejöwen krahmaly)

45 ml / 3 nahar çemçesi suw

15 ml / 1 nahar çemçesi soýa sousy

Asparagusy diagonaly böleklere bölüň we bir tabaga goýuň. Gaýnap duran suw bilen ýapyň we 2 minut duruň, soňra guradyň. Guzyny däne garşy inçe dilimlere bölüň. Oilagy gyzdyryň we guzyny aç-açan gyzarýança gowurmaly. Duz, burç we sarymsak goşup, 5 minut gaýnatmaly. Kepjebaş, ätiýaçlyk we pomidor goşup, gaýnadyň, gapagyny ýapyň we 2 minut gaýnadyň. Mekgejöwen, suw we soýa sousyny pasta emele getirýänçä garmaly, gazana garmaly we sous arassalanýança we galyňlaşýança yzygiderli garmaly.

Taşlanan guzy

4 adam üçin

Zolaklara kesilen 450 gr arkaýyn guzy
120 ml / 4 fl oz / ½ käse soýa sousy
120 ml / 4 fl oz / ½ käse gury şeri ýa-da tüwi çakyry
1 sarymsak, ezilen
3 bahar sogan (ýaşyl sogan), dogralan
5 ml / 1 çaý çemçesi künji ýagy
duz we täze ýer burç

Guzyny bir tabaga goýuň. Beýleki maddalary garyşdyryň, guzynyň üstüne guýuň we 1 sagat marinat etmeli. Guzy bişýänçä kömüriň üstünde panjara (panjara), zerur bolsa sous bilen içmeli.

Greenaşyl noýba bilen guzy

4 adam üçin

450 g ýaşyl noýba

45 ml / 3 çemçe nohut ýagy

450 gr ýuka guzy inçejik dilimlere kesildi

250 ml / 8 fl oz / 1 stakan çorba

5 ml / 1 çaý çemçesi duz

2,5 ml / ¬Ω çaý çemçesi täze ýer burç

15 ml / 1 nahar çemçesi mekgejöwen uny (mekgejöwen krahmaly)

5 ml / 1 çaý çemçesi soýa sousy

75 ml / 5 çemçe suw

Fasuly gaýnag suwda 3 minut bişirmeli, soňra gowy guradyň. Oilagy gyzdyryň we eti her tarapdan gülgüne bolýança gowurmaly. Çorbany guýuň, gaýnadyň, gaplaň we 5 minut gaýnadyň. Fasulye, duz we burç goşuň, gap bişiriň we et bişýänçä 4 minut gaýnadyň. Mekgejöwen, soýa sousy we suwy pasta garmaly, gazana garmaly we sous düşýänçä we galyň bolýança garmaly.

Bişirilen guzy

4 adam üçin

Kublara bölünen 450 g süňksiz guzynyň egni
15 ml / 1 nahar çemçesi nohut ýagy
4 sany bahar sogan (gabyk), dilimlenen
10 ml / 2 çaý çemçesi grated zynjyr kökü
200 ml / ¬Ω pt / 1¬° käse towuk ätiýaçlygy
30 ml / 2 çemçe şeker
30 ml / 2 çemçe soýa sousy
15 ml / 1 nahar çemçesi hoisin sousy
15 ml / 1 nahar çemçesi tüwi çakyry ýa-da gury şeri
5 ml / 1 çaý çemçesi künji ýagy

Guzyny 5 minut gaýnag suwda bişirmeli, soňra suw guýuň. Oilagy gyzdyryň we guzyny gyzarýança 5 minut gowurmaly. Gazandan çykaryň we kagyz polotensasynda guradyň. Gazandan 15 ml / 1 nahar çemçesi ýagdan başga zatlary aýyryň. Oilagy gyzdyryp, bahar sogan we zynjyry 2 minut gowurmaly. Eti beýleki maddalar bilen tabaga gaýtaryň. Bir gaýna getiriň, gaplaň we et ýumşaýança 1 ¬ sagat bişirmeli.

Brokkoli bilen guzy

4 adam üçin

75 ml / 5 nahar çemçesi nohut ýagy

1 sarymsak, ezilen

Zolaklara bölünen 450 g / 1 funt guzy

450 g / 1 funt brokkoli gülleri

250 ml / 8 fl oz / 1 stakan çorba

5 ml / 1 çaý çemçesi duz

2,5 ml / ¬Ω çaý çemçesi täze ýer burç

30 ml / 2 nahar çemçesi mekgejöwen uny (mekgejöwen krahmaly)

75 ml / 5 çemçe suw

5 ml / 1 çaý çemçesi soýa sousy

Oilagy gyzdyryp, sarymsagy we guzyny bişýänçä gowurmaly. Brokkoli we çorbany goşuň, gaýnadyň, gaplaň we brokkoli ýumşak bolýança 15 minut gaýnadyň. Duz we burç bilen möwsüm. Mekgejöwen, suw we soýa sousyny pasta emele getirýänçä garmaly, gazana garmaly we sous arassalanýança we galyňlaşýança yzygiderli garmaly.

Suw kashtanly guzy

4 adam üçin

350 g arkaýyn guzy böleklere bölünýär

15 ml / 1 nahar çemçesi nohut ýagy

2 sany bahar sogan (ýaşyl sogan), dilimlenen

Dilimlenen zynjyr köküniň 2 bölegi

2 sany gyzyl burç, dogralan

600 ml / 1 bal / 2 ¬Ω käse suw

Kublara kesilen 100 gr tomzak

1 käşir, dogralan

1 darçyn taýagy

2 ýyldyzly anise pods

2,5 ml / ¬Ω çaý çemçesi şeker

15 ml / 1 nahar çemçesi soýa sousy

15 ml / 1 nahar çemçesi tüwi çakyry ýa-da gury şeri

100 gr suw kashtan

15 ml / 1 nahar çemçesi mekgejöwen uny (mekgejöwen krahmaly)

45 ml / 3 nahar çemçesi suw

Guzyny gaýnag suwda 2 minut bişirmeli, soňra suw guýuň. Oilagy gyzdyryp, bahar sogan, zynjyr we çilini 30 sekunt gowurmaly. Guzyny ýakymly ysly zatlar bilen gowy örtýänçä goşuň. Suw kashtanlaryndan, mekgejöwen we suwdan başga goşundylary goşuň, gaýnadyň, bölekleýin ýapyň we guzy ýumşaýança 1 sagat töweregi gaýnadyň. Wagtal-wagtal barlaň we zerur bolsa gaýnag suw bilen dolduryň. Darçyny we anizi aýyryň, suw kashtanlaryny goşuň we 5 minut töweregi açylmadyk gaýnadyň. Makaron alýança mekgejöwen bilen suwy garmaly we sousa azajyk garmaly. Gaýnadyň, garmaly,

Kelem bilen guzy

4 adam üçin

45 ml / 3 çemçe nohut ýagy

Inçe dilimlenen 450g / 1lb guzy

duz we täze ýer gara burç

1 sarymsak, ezilen

450 gr dogralan hytaý kelem

120 ml / 4 fl oz / ¬Ω käsede çorba

15 ml / 1 nahar çemçesi mekgejöwen uny (mekgejöwen krahmaly)

15 ml / 1 nahar çemçesi soýa sousy

60 ml / 4 nahar çemçesi suw

Oilagy gyzdyryp, guzyny, duzy, burç we sarymsagy gowurmaly. Kelem goşuň we ýag bilen örtülýänçä zyňyň. Aksiýany goşuň, gaýnadyň, gaplaň we 10 minut gaýnadyň. Mekgejöwen, soýa sousyny we suwy pasta emele getirýänçä garmaly, gazana goşuň we sous arassalanýança we galyň bolýança yzygiderli garmaly.

Guzy Çow Mein

4 adam üçin

450 gr ýumurtga makaron
45 ml / 3 çemçe nohut ýagy
450g / 1lb guzy, dilimlenen
1 sogan, dilimlenen
1 selderili ýürek, dilimlenen
100 gr kömelek
100 gr noýba ösümligi
20 ml / 2 nahar mekgejöwen uny (mekgejöwen krahmaly)
175 ml / 6 fl oz / ¬œ käse suw
duz we täze ýer burç

Naharlary gaýnag suwda takmynan 8 minut gaýnadyň we soňra guradyň. Oilagy gyzdyryň we guzyny aç-açan gyzarýança gowurmaly. Sogan, kelem, kömelek we noýba ösümliklerini goşuň we

5 minut gowurmaly. Mekgejöwen bilen suwy garmaly, gazana guýuň we gaýnadyň. Sous galyňlaşýança, bulamaly. Naharlaryň üstüne döküň we derrew hyzmat ediň.

Guzy köri

4 adam üçin

30 ml / 2 nahar çemçesi nohut ýagy

2 sany sarymsak, ezilen

1 dilim zynjyr köküni, dogralan

Kublara bölünen 450 g arkaýyn guzy

Kublara bölünen 100 gr kartoşka

2 käşir, dogralan

15 ml / 1 nahar çemçesi köri

250 ml / 8 fl oz / 1 käse towuk ätiýaçlygy

Dilimlere kesilen 100 gr kömelek

1 ýaşyl burç, kesilen

Dilimlere kesilen 50 gr suw kashtan

Oilagy gyzdyryň we sarymsagy we zynjyry ýeňil gyzarýança gowurmaly. Guzyny goşuň we 5 minut gaýnadyň. 3 minut kartoşka, käşir we sous goşuň. Karri goşuň we 1 minut gaýnadyň. Çorbany garmaly, gaýnadyň, gaplaň we 25 minut gaýnadyň. Kömelek, burç we suw kashtan goşup, 5 minut gaýnatmaly. Has galyň sousy halaýan bolsaňyz, sousy azaltmak üçin birnäçe minut gaýnadyň ýa-da azajyk suw bilen garylan 15 ml / 1 nahar mekgejöwen bilen galyňlaň.

Hoşboý ysly guzy

4 adam üçin

30 ml / 2 nahar çemçesi nohut ýagy

Kublara bölünen 450 g arkaýyn guzy

2 bahar sogan (ýaşyl sogan), dogralan

1 sarymsak, ezilen

1 dilim zynjyr köküni, dogralan

120 ml / 4 fl oz / ¬Ω käse soýa sousy

15 ml / 1 nahar çemçesi tüwi çakyry ýa-da gury şeri

15 ml / 1 nahar çemçesi goňur şeker

2,5 ml / ¬Ω çaý çemçesi duz

täze ýer burç

300 ml / ¬Ω pt / 1¬° käse suw

Oilagy gyzdyryň we guzyny aç-açan gyzarýança gowurmaly. 2 minutlap bahar sogan, sarymsak we zynjyr we sous goşuň. Dadyp görmek üçin soýa sousy, çakyr ýa-da şeri, şeker we duz we burç goşuň. Goşundylary gowy garmaly. Suw goşuň, gaýnadyň, gaplaň we 2 sagat gaýnadyň.

Gril goýun kubikleri

4 adam üçin

120 ml / 4 fl oz / ¬Ω käse nohut ýagy

60 ml / 4 çemçe çakyr sirkesi

2 sany sarymsak, ezilen

15 ml / 1 nahar çemçesi soýa sousy

5 ml / 1 çaý çemçesi duz

2,5 ml / ¬Ω çaý çemçesi täze ýer burç

2,5 ml / ¬Ω çaý çemçesi oregano

Kublara bölünen 450 g arkaýyn guzy

Ingredhli maddalary garyşdyryň, örtüň we bir gije marinat etmek üçin goýuň. Boşat Eti panjara (panjara) we panjara (gowurmak) 15 minut töweregi goýuň, guzy ýumşak we ýeňil bolýança birnäçe gezek öwrüň.

Guzynyň eti mangetout bilen

4 adam üçin

2 sany sarymsak, ezilen

2,5 ml / ¬Ω çaý çemçesi duz

Kublara bölünen 450 g guzy

30 ml / 2 nahar çemçesi mekgejöwen uny (mekgejöwen krahmaly)

30 ml / 2 nahar çemçesi nohut ýagy

Çärýeklere 450 gr gar nohut kesildi

250 ml / 8 fl oz / 1 käse towuk ätiýaçlygy

10 ml / 2 çaý çemçesi grated limon gabygy

30 ml / 2 çemçe bal

30 ml / 2 çemçe soýa sousy

5 ml / 1 çaý çemçesi ýer koriander

5 ml / 1 çaý çemçesi ýer togalagynyň tohumy

30 ml / 2 nahar çemçesi √ © pomidor sousy (makaron)

30 ml / 2 çemçe çakyr sirkesi

Sarymsagy, duzy we möwsümi guzy bilen garmaly. Guzyny mekgejöwen bilen sepiň. Oilagy gyzdyryň we guzy bişýänçä gowurmaly. 2 minut çaý we miwe goşuň. Galan mekgejöwen çorbasyny garmaly we galan maddalar bilen gazana guýuň. Gaýnap, bulamaly we 3 minut bişirmeli.

Marinirlenen guzy

4 adam üçin

450g / 1lb arkaýyn guzy

2 sany sarymsak, ezilen

5 ml / 1 çaý çemçesi duz

120 ml / 4 fl oz / ¬Ω käse soýa sousy

5 ml / 1 çaý çemçesi selderýa duzy

gowurmak üçin ýag

Guzyny gazana salyň we sowuk suw bilen ýapyň. Sarymsak we duz goşup, gaýnadyň, gaplaň we guzy bişýänçä 1 sagat gaýnadyň. Gazandan çykaryň we suw guýuň. Guzyny bir tabaga salyň, soýa sousyny goşuň we selderiniň duzuna sepiň. 2 sagat ýa-da bir gije ýapyň we marinat ediň. Guzyny ownuk böleklere bölüň. Oilagy gyzdyryň we guzy ýumşaýança gowurmaly. Hyzmat etmezden ozal gowy suwlaň.

Pleönekeý gowrulan towuk

4 adam üçin

1 towuk göwsi, inçe dilimlere bölünýär
2 dilim zynjyr köküni, dogralan
2 bahar sogan (ýaşyl sogan), dogralan
15 ml / 1 nahar çemçesi mekgejöwen uny (mekgejöwen krahmaly)
15 ml / 1 nahar çemçesi tüwi çakyry ýa-da gury şeri
30 ml / 2 nahar çemçesi suw
2,5 ml / as çaý çemçesi duz
45 ml / 3 çemçe nohut ýagy
100 g / 4 oz bambuk baldagy, dilimlenen
Dilimlere kesilen 100 gr kömelek
100 gr noýba ösümligi
15 ml / 1 nahar çemçesi soýa sousy
5 ml / 1 çaý çemçesi şeker
120 ml / 4 fl oz / ½ käse towuk ätiýaçlygy

Towugy bir tabaga goýuň. Zynjyry, bahar sogan, mekgejöwen, şerap ýa-da şerini, suwy we duzy garmaly, towukda garmaly we 1 sagat durmaly. Halfagyň ýarysyny gyzdyryň we towugy çalaja gyzarýança gowurmaly, soňra gazandan çykaryň. Galan ýagy gyzdyryň we bambuk baldaklaryny, kömelekleri we noýba ösümliklerini 4 minut duzlaň. Soýa sousyny, şeker we ätiýaçlyk goşup, gaýnadyň, gök önümler ýumşaýança 5 minut gaýnadyň. Towugy tabaga gaýtaryň, gowy zyňyň we hyzmat etmezden ozal ýuwaş gyzdyryň.

Pomidor sousunda towuk

4 adam üçin

30 ml / 2 nahar çemçesi nohut ýagy

5 ml / 1 çaý çemçesi duz

2 sany sarymsak, ezilen

Kublara bölünen 450 gr towuk

300 ml / ½ nokat / 1 ¼ käse towuk ätiýaçlygy

120 ml / 4 fl oz / ½ käse pişigi

15 ml / 1 nahar çemçesi mekgejöwen uny (mekgejöwen krahmaly)

4 sany bahar sogan (gabyk), dilimlenen

Sarymsagy az-owlak gyzýança ýagy duz we sarymsak bilen gyzdyryň. Towuk we sousy ýeňil gyzarýança goşuň. Aksiýanyň köpüsine guýuň, gaýnadyň, gaplaň we towuk ýumşaýança 15 minut gaýnadyň. Galan ätiýaçlygy ketçup we mekgejöwen bilen garmaly we gazanda garmaly. Sous galyňlaşýança we arassalanýança yzygiderli garmaly. Sous gaty akýan bolsa, azalýança biraz gaýnadyň. Hyzmat etmezden ozal 2 minutlap bahar sogan we sous goşuň.

Pomidor towugy

4 adam üçin

225 gr dogralan towuk

15 ml / 1 nahar çemçesi mekgejöwen uny (mekgejöwen krahmaly)

15 ml / 1 nahar çemçesi soýa sousy

15 ml / 1 nahar çemçesi tüwi çakyry ýa-da gury şeri

45 ml / 3 çemçe nohut ýagy

1 sogan, dogralan

60 ml / 4 nahar çemçesi towuk ätiýaçlygy

5 ml / 1 çaý çemçesi duz

5 ml / 1 çaý çemçesi şeker

2 pomidor, gabykly we dogralan

Towugy mekgejöwen, soýa sousy we şerap ýa-da şeri bilen garmaly we 30 minut durmaly. Oilagy gyzdyryň we towugy çalaja gyzarýança gowurmaly. Sogan goşup, ýumşaýança gowurmaly. Bir stocka, duz we şeker goşuň, gaýnadyň we towuk bişýänçä pes otda ýuwaşlyk bilen garmaly. Pomidor goşuň we gyzýança garmaly.

Pomidor bilen bişirilen towuk

4 adam üçin

Towukdan 4 bölek
4 pomidor, gabykly we gabykly
15 ml / 1 nahar çemçesi tüwi çakyry ýa-da gury şeri
15 ml / 1 nahar çemçesi nohut ýagy
duz

Towugy bir gazana salyň we sowuk suw bilen ýapyň. Bir gaýna getirmeli, gapagyny ýapmaly we 20 minut gaýnatmaly. Pomidor, çakyr ýa-da şeri, ýag we duz goşuň, towuk bişýänçä ýene 10 minut gaýnadyň. Towugy ýyly hyzmat ediş tabagyna goýuň we böleklere bölüň. Sousy gyzdyryp, hyzmat etmek üçin towugyň üstüne guýuň.

Gara noýba sousy bilen towuk we pomidor

4 adam üçin

45 ml / 3 çemçe nohut ýagy

1 sarymsak, ezilen

45 ml / 3 çemçe gara noýba sousy

225 gr dogralan towuk

15 ml / 1 nahar çemçesi tüwi çakyry ýa-da gury şeri

5 ml / 1 çaý çemçesi şeker

15 ml / 1 nahar çemçesi soýa sousy

90 ml / 6 çemçe towuk çorbasy

3 pomidor, gabykly we gabykly

10 ml / 2 nahar mekgejöwen uny (mekgejöwen krahmaly)

45 ml / 3 nahar çemçesi suw

Oilagy gyzdyryň we sarymsagy 30 sekunt duzlaň. Gara noýba sousyny we sousy 30 sekunt goşuň, soňra towugy goşuň we ýagda gowy örtülýänçä garmaly. Şerap ýa-da şerif, şeker, soýa sousy we çorba goşuň, gaýnadyň, gaplaň we towuk bişýänçä 5 minut töweregi gaýnadyň. Sogan arassalanýança we galyň bolýança mekgejöwen we suwy garmaly, gazana garmaly we bişirmeli.

Gök önümler bilen bişirilen towuk

4 adam üçin

1 ýumurtga ak
50 g mekgejöwen uny (mekgejöwen krahmaly)
Zolaklara bölünen 225 gr towuk göwsi
75 ml / 5 nahar çemçesi nohut ýagy
Zolaklara kesilen 200 g / 7 oz bambuk baldagy
50 g noýba ösümligi
Zolaklara kesilen 1 ýaşyl burç
3 sany bahar sogan (ýaşyl sogan), dilimlenen
1 dilim zynjyr köküni, dogralan
1 sarymsak, ownuk
15 ml / 1 nahar çemçesi tüwi çakyry ýa-da gury şeri

Eggumurtganyň ak we mekgejöwenini bilelikde bulamaly, soňra towuk zolaklaryny garyndynyň içine batyryň. Mediumagy orta otda gyzdyryň we towugy bişýänçä birnäçe minut gowurmaly. Gazandan çykaryň we gowy suwlaň. Gazana bambuk baldaklaryny, noýba ösümliklerini, jaň burçuny, sogan, zynjyr we sarymsagy goşuň we 3 minut bişirmeli. Şerap ýa-da şerif goşup, towugy gazana gaýtaryň. Hyzmat etmezden ozal gowy garmaly we gyzdyryň.

Hoz bilen towuk

4 adam üçin

45 ml / 3 çemçe nohut ýagy

2 bahar sogan (ýaşyl sogan), dogralan

1 dilim zynjyr köküni, dogralan

Inçe dilimlere kesilen 450 gr towuk göwsi

50 gr dilimlenen hamam

30 ml / 2 çemçe soýa sousy

30 ml / 2 çemçe tüwi çakyry ýa-da gury şeri

5 ml / 1 çaý çemçesi şeker

5 ml / 1 çaý çemçesi duz

100 g / 4 oz / 1 stakan hoz, dogralan

Oilagy gyzdyryp, sogan we zynjyry 1 minut gowurmaly. Towuk we hamam goşup, bişýänçä 5 minut gaýnatmaly. Soýa sousy, çakyr ýa-da şeri, şeker we duz goşup, 3 minut gaýnatmaly. Goşundylar gowy birleşýänçä, 1 minutlap hoz we sous goşuň.

Hoz bilen towuk

4 adam üçin

100 g / 4 oz / 1 käse gabykly hoz, ýarym gowurmak üçin ýag

45 ml / 3 çemçe nohut ýagy

2 dilim zynjyr köküni, dogralan

225 gr dogralan towuk

100 g / 4 oz bambuk baldagy, dilimlenen

75 ml / 5 çemçe towuk çorbasy

Hoz taýýarlaň, ýagy gyzdyryň we hozy altyna çenli gowurmaly, soňra gowy guradyň. Arahis ýagyny gyzdyryp, zynjyry 30 sekunt gowurmaly. Towuk we sousy ýeňil gyzarýança goşuň. Galan ingredientleri goşuň, gaýnadyň we towuk bişýänçä yzygiderli garmaly.

Suw kashtan towugy

4 adam üçin

45 ml / 3 çemçe nohut ýagy
2 sany sarymsak, ezilen
2 bahar sogan (ýaşyl sogan), dogralan
1 dilim zynjyr köküni, dogralan
225 gr towuk göwsi, dilimlere bölünýär
100 g suw kashtan dilimlere kesilýär
45 ml / 3 çemçe soýa sousy
15 ml / 1 nahar çemçesi tüwi çakyry ýa-da gury şeri
5 ml / 1 nahar çemçesi mekgejöwen uny (mekgejöwen krahmaly)

Oilagy gyzdyryp, sarymsagy, bahar sogan we zynjyry gowurmaly. Towugy goşup, 5 minut gaýnatmaly. Suw kashtanlaryny goşuň we 3 minut gaýnadyň. Soýa sousyny, çakyry ýa-da şerini, mekgejöwen goşup, towuk bişýänçä 5 minut töweregi gaýnatmaly.

Suw kashtanly duzly towuk

4 adam üçin

30 ml / 2 nahar çemçesi nohut ýagy

4 bölek towuk

3 bahar sogan (ýaşyl sogan), dogralan

2 sany sarymsak, ezilen

1 dilim zynjyr köküni, dogralan

250 ml / 8 fl oz / 1 stakan soýa sousy

30 ml / 2 çemçe tüwi çakyry ýa-da gury şeri

30 ml / 2 çemçe goňur şeker

5 ml / 1 çaý çemçesi duz

375 ml / 13 fl oz / 1 ¼ stakan suw

225 gr suw kashtan, dilimlere bölünýär

15 ml / 1 nahar çemçesi mekgejöwen uny (mekgejöwen krahmaly)

Oilagy gyzdyryň we towuk böleklerini altyna çenli gowurmaly. 2 minutlap bahar sogan, sarymsak we zynjyr we sous goşuň. Soýa sousy, çakyr ýa-da şeri, şeker we duz goşup, gowy garmaly. Suw goşup, gaýnadyň, gaplaň we 20 minut gaýnadyň. Suw kashtanlaryny goşuň, ýapyň we ýene 20 minut bişirmeli. Mekgejöwenini azajyk suw bilen garmaly, sousa goşuň we sous düşýänçä we galyň bolýança yzygiderli garmaly.

Towuk köfteleri

4 adam üçin

4 guradylan hytaý kömelegi
450 gr dogralan towuk göwsi
225 gr dogralan gök önüm garyndysy
1 bahar sogan (ýaşyl sogan), dogralan
15 ml / 1 nahar çemçesi soýa sousy
2,5 ml / as çaý çemçesi duz
40 sany derisi
1 ýumurtga, ýenjildi

Kömelekleri ýyly suwda 30 minut batyryň, soňra guradyň. Baldaklary aýyryň we gapaklaryny kesiň. Towuk, gök önümler, soýa sousy we duz bilen garmaly.

Wontonlary eplemek üçin çep eliňizdäki derini tutuň we doldurgyçlaryň bir bölegini merkeze ýerleşdiriň. Gyralaryny ýumurtga ýuwmak bilen ýuwuň we gyralaryny möhürläp, derini üçburçlyga öwrüň. Burçlary ýumurtga bilen nemläň we birleşdiriň.

Bir gaýna suw gaýnadyň. Wontonlary goşuň we ýüzýänçä takmynan 10 minut gaýnadyň.

Çişik towuk ganatlary

4 adam üçin

900g / 2lb towuk ganatlary

60 ml / 4 çemçe tüwi çakyry ýa-da gury şeri

60 ml / 4 çemçe soýa sousy

50 g / 2 oz / ½ käse mekgejöwen (mekgejöwen)

gowurmak üçin ýer hozy (nohut) ýagy

Towuk ganatlaryny bir tabaga goýuň. Galan maddalary birleşdiriň we sousda örtmek üçin gowy zyňyp, towuk ganatlarynyň üstüne guýuň. Gaplaň we 30 minut duruň. Oilagy gyzdyryň we towugy bişýänçä we goýy goňur bolýança gowurmaly. Kagyz polotensasyna gowy süzüň we towugyň galan bölegi bişirilende ýyly boluň.

Bäş sany ysly towuk ganatlary

4 adam üçin

30 ml / 2 nahar çemçesi nohut ýagy

2 sany sarymsak, ezilen

450 g / 1 funt towuk ganaty

250 ml / 8 fl oz / 1 käse towuk ätiýaçlygy

30 ml / 2 çemçe soýa sousy

5 ml / 1 çaý çemçesi şeker

5 ml / 1 çaý çemçesi bäş ysly poroşok

Sarymsagy ýeňil gyzarýança ýag we sarymsagy gyzdyryň. Towuk we sousy ýeňil gyzarýança goşuň. Beýleki maddalary goşuň, gowy garmaly we gaýnadyň. Towuk bişýänçä, 15 minut töweregi ýapyň we gaýnadyň. Suwuklygyň hemmesi diýen ýaly bugarýança, gapagy aýyryň we gaýnadyň. Warmyly ýa-da sowuk hyzmat ediň.

Marinirlenen towuk ganatlary

4 adam üçin

45 ml / 3 çemçe soýa sousy
45 ml / 3 çemçe tüwi çakyry ýa-da gury şeri
30 ml / 2 çemçe goňur şeker
5 ml / 1 çaý çemçesi grated zynjyr köki
2 sany sarymsak, ezilen
6 sany bahar sogan (ýaşyl sogan), dilimlenen
450 g / 1 funt towuk ganaty
30 ml / 2 nahar çemçesi nohut ýagy
225 g / 8 oz bambuk baldagy, dilimlenen
20 ml / 4 nahar mekgejöwen uny (mekgejöwen krahmaly)
175 ml / 6 fl oz / ¾ käse towuk ätiýaçlygy

Soýa sousyny, çakyr ýa-da şeri, şeker, zynjyr, sarymsak we bahar sogan bilen birleşdiriň. Towuk ganatlaryny goşuň we gowy palta zyňyň. Gaplaň we wagtal-wagtal garyşdyryp, 1 sagat duruň. Oilagy gyzdyryň we bambuk baldaklaryny 2 minut gowurmaly. Olary panadan çykaryň. Marinady ätiýaçlandyryp, towugy we sogany süzüň. Oilagy gyzdyryň we towugy her tarapdan goňur bolýança gowurmaly. Towuk ýumşaýança ýapyň we ýene 20 minut bişirmeli. Mekgejöwen çorbasyny we ätiýaçlandyrylan marinady garyşdyryň. Towuk guýuň we sous galyň bolýança yzygiderli garmaly. Bambuk baldaklaryny goşuň we yzygiderli garyşdyryp, ýene 2 minut bişirmeli.

hakyky towuk ganatlary

4 adam üçin

12 towuk ganaty

250 ml / 8 fl oz / 1 stakan nohut ýagy

15 ml / 1 nahar çemçesi granulirlenen şeker

2 sany bahar sogan (ýaşyl), kesilen

Zynjyr köküniň 5 bölegi

5 ml / 1 çaý çemçesi duz

45 ml / 3 çemçe soýa sousy

250 ml / 8 fl oz / 1 stakan tüwi çakyry ýa-da gury şeri

250 ml / 8 fl oz / 1 käse towuk ätiýaçlygy

10 dilim bambuk baldagy

15 ml / 1 nahar çemçesi mekgejöwen uny (mekgejöwen krahmaly)

15 ml / 1 nahar çemçesi suw

2,5 ml / as çaý çemçesi künji ýagy

Towuk ganatlaryny 5 minut gaýnag suwa batyryň we gowy suwlaň. Oilag gyzdyryň, şeker goşuň we erän we altyn bolýança garmaly. Towuk, bahar sogan, zynjyr, duz, soýa sousy, çakyr we çorba goşup, gaýnadyň we 20 minut bişirmeli.

Bambuk baldaklaryny goşuň we suwuklyk bugarýança 2 minut bişirmeli. Mekgejöwen suwuny garmaly, gazana garmaly we galyň bolýança garmaly. Towuk ganatlaryny ýyly hyzmat ediş tabagyna geçiriň we künji ýagy bilen sepilen hyzmat ediň.

Ajy towuk ganatlary

4 adam üçin

30 ml / 2 nahar çemçesi nohut ýagy

5 ml / 1 çaý çemçesi duz

2 sany sarymsak, ezilen

900g / 2lb towuk ganatlary

30 ml / 2 çemçe tüwi çakyry ýa-da gury şeri

30 ml / 2 çemçe soýa sousy

30 ml / 2 nahar çemçesi pomidor sousy (makaron)

15 ml / 1 nahar çemçesi Worcestershire sousy

Sarymsagy ýeňil gyzarýança ýag, duz we sarymsak we sousy gyzdyryň. Towuk ganatlaryny goşuň we gowurmaly, ýygy-ýygydan 10 minut töweregi, altyn goňur we bişýänçä gowurmaly. Galan maddalary goşuň we towuk çişýänçä we bişýänçä 5 minut töweregi gaýnadyň.

Taýýarlanan towuk budlary

4 adam üçin

16 towuk budy

30 ml / 2 çemçe tüwi çakyry ýa-da gury şeri

30 ml / 2 çemçe çakyr sirkesi

30 ml / 2 çemçe zeýtun ýagy

duz we täze ýer burç

120 ml / 4 fl oz / ½ käse mämişi suwy

30 ml / 2 çemçe soýa sousy

30 ml / 2 çemçe bal

15 ml / 1 nahar çemçesi limon suwy

2 dilim zynjyr köküni, dogralan

120 ml / 4 fl oz / ½ stakan çili sousy

Çili sousundan başga ähli maddalary garyşdyryň, gaplaň we bir gije sowadyjyda marinat etmek üçin goýuň. Towugy marinaddan we panjardan ýa-da bişirmekden (gril) 25 minut töweregi aýyryň, bişirilende çili sousy bilen öwrüň we zyňyň.

Hoisin towuk budlary

4 adam üçin

8 towuk budy

600 ml / 1 çaý çemçesi / 2 ½ stakan towuk ätiýaçlygy

duz we täze ýer burç

250 ml / 8 fl oz / 1 stakan hoisin sousy

30 ml / 2 nahar çemçesi ýönekeý un (ähli maksat)

2 ýumurtga

100 g / 4 oz / 1 stakan çörek

gowurmak üçin ýag

Deprekleri we ätiýaçlyklary gazana goýuň, gaýnadyň, gaplaň we bişýänçä 20 minut bişirmeli. Towugy gazandan çykaryň we kagyz polotensasynda guradyň. Towugy bir tabaga we möwsüme duz we burç bilen goýuň. Hoisin sousyny döküň we 1 sagat marinat etmek üçin goýuň. Boşat Towugy una atyň, soňra ýumurtga we çörek böleklerine, soňra ýene ýumurtga we çörek böleklerine atyň. Oilagy gyzdyryň we towugy altyna çenli 5 minut gowurmaly. Kagyz polotensasyna suw guýuň we ýyly ýa-da sowuk hyzmat ediň.

Bişirilen towuk

4-6 adam üçin

75 ml / 5 nahar çemçesi nohut ýagy

1 towuk

3 sany bahar sogan (ýaşyl sogan), dilimlenen

Zynjyr köküniň 3 bölegi

120 ml / 4 fl oz / ½ käse soýa sousy

30 ml / 2 çemçe tüwi çakyry ýa-da gury şeri

5 ml / 1 çaý çemçesi şeker

Oilagy gyzdyryp, towugy altyna çenli gowurmaly. Garynja, zynjyr, soýa sousy we çakyr ýa-da şeri goşup, gaýnadyň. Kämahal öwrüp, 30 minut ýapyň. Şeker goşuň, towuk bişýänçä ýene 30 minut gaýnadyň.

Çişik gowrulan towuk

4 adam üçin

1 towuk

duz

30 ml / 2 çemçe tüwi çakyry ýa-da gury şeri

3 sany bahar sogan (ýaşyl sogan)

Zynjyr köküniň 1 bölegi

30 ml / 2 çemçe soýa sousy

30 ml / 2 çemçe şeker

5 ml / 1 çaý çemçesi tutuş ýorunja

5 ml / 1 çaý çemçesi duz

5 ml / 1 çaý çemçesi burç

150 ml / ¼ pt / sahy ½ käse towuk ätiýaçlygy

gowurmak üçin ýag

1 salat, dogralan

Dilimlere kesilen 4 pomidor

½ hyýar, dilimlere kesilen

Towugy duz bilen sürtüň we 3 sagat dynç alyň. Bir tabaga ýuwuň we ýerleşdiriň. Şeraba ýa-da şerif, zynjyr, soýa sousy, şeker, ýorunja, duz, burç we ätiýaç goşup, gowy gaýnadyň. Käbäni bugda goýuň, towuk doly bişýänçä, 2½ sagat töweregi gaýnadyň. Boşat Çilim çekýänçä ýagy gyzdyryň, soňra towugy goşuň we altyna çenli gowurmaly. Anotherene 5 minut gowurmaly, soňra ýagdan çykaryň we suw guýuň. Olary böleklere bölüň we gyzdyrylan tabakda goýuň. Salat, pomidor we hyýar bilen bezeliň we duz we burç bilen hyzmat ediň.

Bütin gowrulan towuk

5 adam üçin

1 towuk

10 ml / 2 çaý çemçesi duz

15 ml / 1 nahar çemçesi tüwi çakyry ýa-da gury şeri

2 bahar sogan (ýarym), ýarym

Zolak köküniň 3 bölegi

gowurmak üçin ýag

Towugy guradyň we derini duz, şerap ýa-da şeri bilen sürtüň. Bahar sogan we zynjyry boşluga goýuň. Towugy 3 sagat töweregi guratmak üçin salkyn ýerde asyň. Oilagy gyzdyryp, towugy gowurmak sebedine goýuň. Towuk çalaja gyzarýança ýagy ýuwaşja batyryň we yzygiderli ýuwuň. Oilagdan çykaryň we ýagy gyzdyrmazdan ozal azajyk sowamaga rugsat beriň. Altyn bolýança ýene gowurmaly. Olary gowy süzüň we böleklere bölüň.

Bäşinji ysly towuk

4-6 adam üçin

1 towuk
120 ml / 4 fl oz / ½ käse soýa sousy
2,5 sm / 1 dogralan zynjyr köküniň bölegi
1 sarymsak, ezilen
15 ml / 1 nahar çemçesi bäş ysly poroşok
30 ml / 2 çemçe tüwi çakyry ýa-da gury şeri
30 ml / 2 çemçe bal
2,5 ml / as çaý çemçesi künji ýagy
gowurmak üçin ýag
30 ml / 2 çemçe duz
5 ml / 1 çaý çemçesi täze ýer burç

Towugy uly gazana salyň we budlaryň ýarysyna suw bilen dolduryň. Soýa sousundan 15ml / 1 nahar çemçe ätiýaç edip, galan bölegini zynjyr, sarymsak we bäş sany ysly poroşokyň ýarysy bilen gazana goşuň. Bir gaýna getirmeli, ýapmaly we 5 minut gaýnatmaly. Heatylylygy öçüriň we towuk suw ýyly bolýança suwda oturmaga rugsat beriň. Boşat

Towugy ýarym uzynlykda kesip, çörek bişirilýän kagyzyň üstünde goýuň. Soýa sousynyň galan bölegini we bäş sany ýakymly poroşoky şerap ýa-da şerif, bal we künji ýagy bilen garmaly. Towugy garyndy bilen örtüň we 2 sagat durmaly, wagtal-wagtal garyndy bilen ýuwmaly. Oilagy gyzdyryň we towuk ýarysyny altyn we bişýänçä 15 minut töweregi gowurmaly. Kagyz polotensasyna siňdiriň we hyzmat ölçeglerine bölüň.

Bu aralykda, duz we burç bilen möwsüm we gury gazanda 2 minut töweregi gyzdyryň. Sousda towuk bilen hyzmat edilýär.

Zynjyr we bahar sogan bilen towuk

4 adam üçin

1 towuk
Zolak köküniň 2 bölegi
duz we täze ýer burç
90 ml / 4 nahar çemçesi nohut ýagy
8 bahar sogan (ýaşyl sogan), inçe kesilen
10 ml / 2 çaý çemçesi ak şerap sirkesi
5 ml / 1 çaý çemçesi soýa sousy

Towugy uly gazana salyň, zynjyryň ýarysyny goşuň we towugy ýapmak üçin ýeterlik suw guýuň. Duz we burç bilen möwsüm. Bir gaýna getiriň, gaplaň we ýumşaýança 1 sagat 15 minut bişirmeli. Towuk sowýança çorbada otursyn. Towugy süzüň we sowadyň. Böleklere bölüň.

Galan zynjyry dogramaly we ýag, bahar sogan, şerap sirkesi we soýa sousy, duz we burç bilen garmaly. Sowadyjyda 1 sagat goýuň. Towuk böleklerini bir tabaga goýuň we üstüne zynjyr winaigrette guýuň. Bugly tüwi bilen hyzmat edilýär.

Bişirilen towuk

4 adam üçin

1 towuk

1.2 L / 2 bal / 5 käse towuk çorbasy ýa-da suw

30 ml / 2 çemçe tüwi çakyry ýa-da gury şeri

4 bahar sogan (ýaşyl sogan), dogralan

Zynjyr köküniň 1 bölegi

5 ml / 1 çaý çemçesi duz

Towugy galan maddalar bilen uly gazana goýuň. Çorba ýa-da suw budlaryň ýarysyna ýetmeli. Towuk doly bişýänçä, gaýnadyň, gaplaň we 1 sagat töweregi gaýnadyň. Çorbany çorba üçin saklaň.

Gyzyl gowrulan towuk

4 adam üçin

1 towuk

250 ml / 8 fl oz / 1 stakan soýa sousy

Towugy bir gazana salyň, soýa sousy bilen ýapyň we towuk ýapyljak diýen ýaly suw goşuň. Towuk bişýänçä gaýnadyň, gaplaň we gaýnadyň, takmynan 1 sagat, wagtal-wagtal öwrüň.

Gyzyl bişirilen ýakymly ysly towuk eti

4 adam üçin

Zynjyr köküniň 2 bölegi

2 bahar sogan (ýalpak)

1 towuk

3 ýyldyzly anise pods

Darçyn taýagy

15 ml / 1 nahar çemçesi çeçen burçuny

75 ml / 5 çemçe soýa sousy

75 ml / 5 çemçe tüwi çakyry ýa-da gury şeri

75 ml / 5 çemçe künji ýagy

15 ml / 1 nahar çemçesi şeker

Zynjyr we bahar sogan, towuk boşlugyna goýuň we towugy gazana goýuň. Staryldyz anizini, darçyny we burçuny peýnir bölejigine daňyp, gazana goşuň. Soýa sousy, çakyr ýa-da şeri we künji ýagy bilen çalyň. Bir gaýna getiriň, gaplaň we 45 minut töweregi bişirmeli. Şeker goşuň, towuk bişýänçä ýene 10 minut gaýnadyň.

Künji gowrulan towuk

4 adam üçin

50 gr künji tohumy

1 inçe dogralan sogan

2 sany sarymsak, ownuk

10 ml / 2 çaý çemçesi duz

1 guradylan gyzyl çili, dogralan

bir çümmük ýer gabygy

2,5 ml / as çaý çemçesi ýer kartoşkasy

2,5 ml / as çaý çemçesi ýer zynjyry

75 ml / 5 nahar çemçesi nohut ýagy

1 towuk

Thehli ysly zatlary we ýagy garmaly we towugy örtmeli. Ony çörek bişirilýän ýere goýuň we tarelka 30 ml / 2 nahar çemçesi suw goşuň. 180 ° C / 350 ° F / gaz belligi 4-de gyzdyrylan peçde 2 sagat töweregi gowurmaly, towuk gyzarýança we bişýänçä, towugy kämahal öwürin we öwrün. Burninganmazlyk üçin zerur bolsa azajyk suw goşuň.

Towuk soýa sousy

4-6 adam üçin

300 ml / ½ pt / 1 ¼ stakan soýa sousy

300 ml / ½ nokat / 1 ¼ stakan tüwi çakyry ýa-da gury şeri

1 sogan, dogralan

3 dilim zynjyr kökü, dogralan

50 g / 2 oz / ¼ käse şeker

1 towuk

15 ml / 1 nahar çemçesi mekgejöwen uny (mekgejöwen krahmaly)
60 ml / 4 nahar çemçesi suw
1 hyýar, gabykly we dilimlenen
30 ml / 2 çemçe dogralan täze petruşka

Gazanda soýa sousyny, çakyr ýa-da şerini, sogan, zynjyr we şekeri birleşdirip, gaýnadyň. Towugy goşuň, gaýnadyň, gaplaň we 1 sagat gaýnadyň, towugy bişýänçä wagtal-wagtal öwrüň. Towugy ýyly hyzmat ediş tabagyna we dilimine geçiriň. 250 ml / 8 fl oz / 1 käse suwuklykdan başga hemmesini guýuň we gaýnadyň. Mekgejöwen we suwy pasta garmaly, gazana garmaly we sous düşýänçä we galyň bolýança yzygiderli garmaly. Towugy sous bilen ýuwuň we hyýar we petruşka bilen bezeliň. Sousuň galan bölegini gapdalda hyzmat ediň.

Bugly towuk

4 adam üçin

1 towuk

45 ml / 3 çemçe tüwi çakyry ýa-da gury şeri

duz

Zynjyr köküniň 2 bölegi

2 bahar sogan (ýalpak)

250 ml / 8 fl oz / 1 käse towuk ätiýaçlygy

Towugy çörek bişirilýän ýere goýuň we şerap ýa-da şerif we duz bilen ýapyň we zynjyry we bahar soganyny boşluga goýuň. Gazany bugda goýuň, gaplaň we gaýnag suwuň üstünde bişýänçä 1 sagat töweregi gaýnadyň. Warmyly ýa-da sowuk hyzmat ediň.

Aniz bilen buglanan towuk

4 adam üçin

250 ml / 8 fl oz / 1 stakan soýa sousy
250 ml / 8 fl oz / 1 stakan suw
15 ml / 1 nahar çemçesi goňur şeker
4 ýyldyzly anis ýorunja
1 towuk

Soýa sousyny, suwy, şekeri we anizany bir gazanda birleşdiriň we pes otda gaýnadyň. Towugy bir tabaga salyň we garyndysy bilen içini we daşyny gowy örtüň. Garyndyny gyzdyryň we gaýtalaň. Towugy ojakdan goraýan tabaga goýuň. Gazany bugda goýuň, gaplaň we gaýnag suwuň üstünde bişýänçä 1 sagat töweregi gaýnadyň.

Towuk etiniň özboluşly tagamy

4 adam üçin

1 towuk
5 ml / 1 çaý çemçesi dogralan zynjyr kökü
5 ml / 1 çaý çemçesi ownuk sarymsak
45 ml / 3 çemçe galyň soya sousy
5 ml / 1 çaý çemçesi şeker
2,5 ml / ½ çaý çemçesi çakyr sirkesi
10 ml / 2 çaý çemçesi künji sousy
5 ml / 1 çaý çemçesi täze ýer burç
10 ml / 2 çaý çemçesi çili ýagy
½ salat, dogralan
15 ml / 1 nahar çemçesi dogralan täze koriander

Towugy gazana salyň we towuk budlarynyň ortasyna ýetýänçä suw bilen dolduryň. Towuk ýumşaýança gaýnadyň, gaplaň we 1 sagat töweregi gaýnadyň. Gazandan çykaryň we gowy suwlaň we et doly sowýança buz suwuna batyryň. Gowy süzüň we 5 sm / 2 bölege bölüň. Galan maddalaryň hemmesini birleşdiriň we towugyň üstüne guýuň. Salat we silantro bilen bezelen hyzmat ediň.

Çişik towuk çeňňekleri

4 adam üçin

100 g ýönekeý un (ähli maksat)

bir çümmük duz

15 ml / 1 nahar çemçesi suw

1 ýumurtga

Kublara bölünen 350 gr gaýnadylan towuk

gowurmak üçin ýag

Un, duz, suw we ýumurtga gaty gaty hamyr bolýança garmaly, zerur bolsa azajyk suw goşuň. Towuk böleklerini gowy örtülýänçä batyrga batyryň. Oilagy gaty yssy ýagda gyzdyryň we içindäki towugy gysga we altyn bolýança birnäçe minut gowurmaly.

Greenaşyl noýba bilen towuk

4 adam üçin

45 ml / 3 çemçe nohut ýagy

450 gr gaýnadylan towuk eti, grated

5 ml / 1 çaý çemçesi duz

2,5 ml / ½ çaý çemçesi täze ýer burç

225 gr ýaşyl noýba, böleklere bölünýär

Diagonally dilimlenen 1 selderýa sapagy

225 gr kömelek dilimlere kesilýär

250 ml / 8 fl oz / 1 käse towuk ätiýaçlygy

30 ml / 2 nahar çemçesi mekgejöwen uny (mekgejöwen krahmaly)

60 ml / 4 nahar çemçesi suw

10 ml / 2 çaý çemçesi soýa sousy

Oilagy gyzdyryp, towugy, duzy we burçuny aç-açan gyzarýança gowurmaly. Noýba, selderýa we kömelek goşup, gowy garmaly. Çorbany goşuň, gaýnadyň, gaplaň we 15 minut gaýnadyň. Mekgejöwen, suw we soýa sousyny pasta emele getirýänçä garmaly, gazana garmaly we sous arassalanýança we galyňlaşýança yzygiderli garmaly.

Ananas bişirilen towuk

4 adam üçin

45 ml / 3 çemçe nohut ýagy
Kublara kesilen 225 gr bişirilen towuk
duz we täze ýer burç
2 sany selderýa, diagonally dilimlenen
Kublara bölünen 3 dilim ananas
120 ml / 4 fl oz / ½ käse towuk ätiýaçlygy
15 ml / 1 nahar çemçesi soýa sousy
10 ml / 2 nahar çemçesi mekgejöwen uny (mekgejöwen krahmaly)
30 ml / 2 nahar çemçesi suw

Oilagy gyzdyryň we towugy çalaja gyzarýança gowurmaly. Duz we burç bilen möwsüm, 2 minut selderýa we sous goşuň. Ananas, ätiýaçlyk we soýa sousyny goşuň we gyzýança birnäçe minut garmaly. Sogan arassalanýança we galyň bolýança mekgejöwen we suwy garmaly, gazana garmaly we bişirmeli.

Burç we pomidor bilen towuk

4 adam üçin

45 ml / 3 çemçe nohut ýagy

450g / 1lb bişirilen towuk, dilimlere kesilýär

10 ml / 2 çaý çemçesi duz

5 ml / 1 çaý çemçesi täze ýer burç

Böleklere bölünen 1 ýaşyl burç

4 sany uly pomidor, gabykly we aýlara kesilen

250 ml / 8 fl oz / 1 käse towuk ätiýaçlygy

30 ml / 2 nahar çemçesi mekgejöwen uny (mekgejöwen krahmaly)

15 ml / 1 nahar çemçesi soýa sousy

120 ml / 4 fl oz / ½ käse suw

Oilagy gyzdyryp, towugy, duzy we burçuny altyna çenli gowurmaly. Burç we pomidor goşuň. Çorbanyň üstüne döküň, gaýnadyň, gaplaň we 15 minut gaýnadyň. Mekgejöwen, soýa sousy we suwy pasta garmaly, gazana garmaly we sous düşýänçä we galyň bolýança garmaly.

Künji towugy

4 adam üçin

Zolaklara bölünen 450 g / 1 funt bişirilen towuk
2 dilim inçejik dogralan zynjyr
1 bahar sogan, ownuk dogralan
duz we täze ýer burç
60 ml / 4 çemçe tüwi çakyry ýa-da gury şeri
60 ml / 4 çemçe künji ýagy
10 ml / 2 çaý çemçesi şeker
5 ml / 1 çaý çemçesi çakyr sirkesi
150 ml / ¼ pt / sahy ½ käse soýa sousy

Towugy hyzmat ediş tabakda tertipläň we zynjyr, bahar sogan, duz we burç sepiň. Şerap ýa-da şeri, künji ýagy, şeker, çakyr sirkesi we soýa sousyny garmaly. Towugyň üstüne dök.

Bişen towuklar

4 adam üçin

2 towuk, ýarym kesilen
45 ml / 3 çemçe soýa sousy
45 ml / 3 çemçe tüwi çakyry ýa-da gury şeri
120 ml / 4 fl oz / ½ käse nohut ýagy
1 bahar sogan, ownuk dogralan
30 ml / 2 nahar çemçesi towuk çorbasy
10 ml / 2 çaý çemçesi şeker
5 ml / 1 çaý çemçesi çili ýagy
5 ml / 1 çaý çemçesi sarymsak pastasy
duz we burç

Towuklary bir tabaga goýuň. Soya sousyny we şeraby ýa-da şeri garyşdyryň, towugyň üstüne guýuň, gaplaň we 2 sagatlap marinat ediň, ýygy-ýygydan içiň. Oilagy gyzdyryň we towuklary bişýänçä 20 minut töweregi gowurmaly. Olary gazandan çykaryň we ýagy gyzdyryň. Olary tabaga gaýtaryň we altyna çenli gowurmaly. Oilagyň köpüsini döküň. Beýleki maddalary garmaly, tabaga goşuň we çalt gyzdyryň. Hyzmat etmezden ozal towuklaryň üstüne döküň.

Türkiýe mangetout bilen

4 adam üçin

60 ml / 4 nahar çemçesi nohut ýagy

2 bahar sogan (ýaşyl sogan), dogralan

2 sany sarymsak, ezilen

1 dilim zynjyr köküni, dogralan

225 g hindi towugy zolaklara bölünýär

225 gr gar nohut

Zolaklara bölünen 100 g / 4 oz bambuk baldagy

Zolaklara kesilen 50 g suw kashtan

45 ml / 3 çemçe soýa sousy

15 ml / 1 nahar çemçesi tüwi çakyry ýa-da gury şeri

5 ml / 1 çaý çemçesi şeker

5 ml / 1 çaý çemçesi duz

15 ml / 1 nahar çemçesi mekgejöwen uny (mekgejöwen krahmaly)

45ml / 3 nahar çemçesi ýagy gyzdyryň we bahar sogan, sarymsak we zynjyry az-owlak gyzarýança gowurmaly. Kepjäni goşup, 5 minut gaýnatmaly. Gazandan çykaryň we bir gapdalda goýuň. Galan ýagy gyzdyryň we kepderi, bambuk baldaklaryny we suw kashtanlaryny 3 minut gowurmaly. Soýa sousyny, çakyr ýa-da şerini, şeker we duz goşup, kepbäni gazana gaýtaryň. 1 minut gaýnatmaly. Mekgejöweniň suwuny azajyk suw bilen garmaly, gazana garmaly we sous düşýänçä we galyň bolýança yzygiderli garmaly.

Paprika bilen Türkiýe

4 adam üçin

4 guradylan hytaý kömelegi
30 ml / 2 nahar çemçesi nohut ýagy
Zolaklara kesilen 1 hytaý kelem
Zolaklara bölünen 350 gr kakadylan hindi
1 sogan, dilimlenen
Zolaklara kesilen 1 gyzyl burç
Zolaklara kesilen 1 ýaşyl burç
120 ml / 4 fl oz / ½ käse towuk ätiýaçlygy
30 ml / 2 nahar çemçesi pomidor sousy (makaron)
45 ml / 3 çemçe çakyr sirkesi
30 ml / 2 çemçe soýa sousy
15 ml / 1 nahar çemçesi hoisin sousy
10 ml / 2 nahar mekgejöwen uny (mekgejöwen krahmaly)
birnäçe damja çili ýagy

Kömelekleri ýyly suwda 30 minut batyryň, soňra guradyň. Baldaklary aýyryň we gapaklary zolaklara bölüň. Halfagyň ýarysyny gyzdyryň we kelemini 5 minut töweregi gowurmaly ýa-da bişýänçä gowurmaly. Gazandan çykaryň. 1 minutlap hindi we sous goşuň. Gök önümleri we sousy 3 minut goşuň. Çorbany pomidor püresi, çakyr sirkesi we souslar bilen garmaly we kelem bilen gazana garmaly. Mekgejöweniň suwuny azajyk suw bilen garmaly, gazana garmaly we gaýnadyň, yzygiderli garmaly. Çili ýagy bilen çalyň we 2 minut gaýnadyň, yzygiderli garmaly.

Hytaýda gowrulan hindi

8-10 adam üçin

1 kiçi hindi

600 ml / 1 bal / 2½ stakan gyzgyn suw

10 ml / 2 çaý çemçesi çemçe

500 ml / 16 fl oz / 2 stakan soýa sousy

5 ml / 1 çaý çemçesi künji ýagy

10 ml / 2 çaý çemçesi duz

45 ml / 3 çemçe ýag

Kepjäni gazana salyň we gyzgyn suw bilen ýapyň. Butteragdan başga goşundylary goşuň we birnäçe gezek öwrüp, 1 sagat goýuň. Kepjäni suwuklykdan çykaryň we ýag bilen çotuň. Çörek bişirilýän gapda goýuň, alýumin folga bilen ýapyň we 160 ° C / 325 ° F / termostat 3-de gyzdyrylan peçde 4 sagat töweregi bişirmeli, wagtal-wagtal suwuk soýa sousy bilen garmaly. Folga aýyryň we 30 minut bişirilende derini çişiriň.

Hoz we kömelek bilen Türkiýe

4 adam üçin
450 gr hindi göwüs filesi
duz we burç
1 apelsin şiresi
15 ml / 1 nahar çemçesi ýönekeý un (ähli maksat)
Şirede marinadlanan 12 sany gara hoz
5 ml / 1 nahar çemçesi mekgejöwen uny (mekgejöwen krahmaly)
15 ml / 1 nahar çemçesi nohut ýagy
2 sany bahar sogan, kesilen
225 gr kömelek
45 ml / 3 çemçe tüwi çakyry ýa-da gury şeri
10 ml / 2 çaý çemçesi soýa sousy
50 g / 2 oz / ½ käse ýagy
25 gr sosna hozy

Kepjäni 1 sm / ½ galyň dilimlere kesiň. Duz, burç, mämişi suwy sepiň we una sepiň. Hozlary süzüň we iki bölege bölüň, suwuklygy bir gapdalda goýuň we suwuklygy mekgejöwen bilen garmaly. Oilagy gyzdyryň we kepeni altyna çenli gowurmaly. 2 minutlap bahar sogan, kömelek we sous goşuň. Şerapda ýa-da şeride we soýa sousunda garmaly we 30 sekunt gaýnatmaly. Mekgejöwen garyndysyna hoz goşuň, soňra gazana garmaly we gaýnadyň. Sarymsagy bir gezekde goşuň, ýöne garyndynyň gaýnamagyna ýol bermäň. Sosna hozy altyna çenli gury gazanda gowurmaly.

Bambuk baldagy bilen ördek

4 adam üçin

6 guradylan hytaý kömelegi

1 ördek

Zolaklara kesilen 50 gr çilim çekilen hamam

Zolaklara bölünen 100 g / 4 oz bambuk baldagy

Zolaklara kesilen 2 bahar sogan (ýaşyl)

Zolak köküniň 2 bölegi

5 ml / 1 çaý çemçesi duz

Kömelekleri ýyly suwda 30 minut batyryň, soňra guradyň. Baldaklary aýyryň we gapaklary zolaklara bölüň. Ingredhli maddalary ýylylyk geçirmeýän tabaga salyň we jamyň üçden iki bölegine ýetýänçä suw bilen doldurylan gazana goýuň. Ördek bişýänçä gaýnadyň, gaplaň we 2 sagat töweregi gaýnadyň, zerur bolsa gaýnag suw bilen ýuwuň.

Noýba ösümlikleri bilen ördek

4 adam üçin

225 gr noýba ösümligi
45 ml / 3 çemçe nohut ýagy
450 g / 1 funt bişirilen ördek eti
15 ml / 1 nahar çemçesi oyster sousy
15 ml / 1 nahar çemçesi tüwi çakyry ýa-da gury şeri
30 ml / 2 nahar çemçesi suw
2,5 ml / as çaý çemçesi duz

Noýba ösümliklerini gaýnag suwda 2 minutlap ýapyň, soňra guradyň. Oilagy gyzdyryň, noýba ösümliklerini 30 sekuntlap duzlaň. Ördek goşuň, gyzýança gowurmaly. Beýleki maddalary goşuň we tagamlary birleşdirmek üçin 2 minut duzlaň. Derrew hyzmat et.

bişirilen ördek

4 adam üçin

4 bahar sogan (ýaşyl sogan), dogralan

1 dilim zynjyr köküni, dogralan

120 ml / 4 fl oz / ½ käse soýa sousy

30 ml / 2 çemçe tüwi çakyry ýa-da gury şeri

1 ördek

120 ml / 4 fl oz / ½ käse nohut ýagy

600 ml / 1 bal / 2½ käse suw

15 ml / 1 nahar çemçesi goňur şeker

Garynjalary, zynjyry, soýa sousyny we şeraby ýa-da şerini birleşdiriň we ördekiň içini we daşyny örtüň. Oilagy gyzdyryň we ördeki her tarapdan gülgüne bolýança gowurmaly. .Agy döküň. Suw we soýa sousynyň galan garyndysyny goşuň, gaýnadyň, gaplaň we 1 sagat bişirmeli. Şeker goşuň, örtüň we ördek ýumşaýança ýene 40 minut gaýnadyň.

Selderey bilen bişirilen ördek

4 adam üçin

350 gr gaýnadylan ördek dilimlere kesildi
1 selderýa
250 ml / 8 fl oz / 1 käse towuk ätiýaçlygy
2,5 ml / as çaý çemçesi duz
5 ml / 1 çaý çemçesi künji ýagy
1 pomidor, aýlara bölünýär

Ördeki bug üstünde goýuň. Selderini 7,5 sm böleklere bölüň we gazana goýuň. Çorbanyň üstüne, möwsümi duz bilen guýuň we bug gazany gazana goýuň. Çorbany gaýnadyň we selderýa ýumşaýança we ördek gyzýança 15 minut töweregi bişirmeli. Ördek we selderini ýyly hyzmat ediş tabakda tertipläň, selderini künji ýagy bilen çalyň we pomidor halkalary bilen bezelen hyzmat ediň.

Zynjyr ördek

4 adam üçin

Inçe dilimlere kesilen 350 g ördek döşi

1 ýumurtga, ýeňil urulýar

5 ml / 1 çaý çemçesi soýa sousy

5 ml / 1 nahar çemçesi mekgejöwen uny (mekgejöwen krahmaly)

5 ml / 1 çaý çemçesi nohut ýagy

gowurmak üçin ýag

50 g / 2 oz bambuk baldagy

50 gr gar nohut

Dilimlenen zynjyr köküniň 2 bölegi

15 ml / 1 nahar çemçesi suw

2,5 ml / ½ çaý çemçesi şeker

2,5 ml / ½ çemçe tüwi çakyry ýa-da gury şeri

2,5 ml / as çaý çemçesi künji ýagy

Ördeki ýumurtga, soýa sousy, mekgejöwen we ýag bilen garmaly we 10 minut durmaly. Oilagy gyzdyryp, bişýän we altyn bolýança ördek we bambuk baldaklaryny gowurmaly. Gazandan çykaryň we gowy suwlaň. Gazandan 15ml / 1 nahar çemçesi ýagdan başga hemmesini guýuň we ördek, bambuk baldagy, kepderi, zynjyr, suw, şeker we çakyr ýa-da şerini 2 minut duzlaň. Künji ýagy bilen sepilen hyzmat ediň.

Greenaşyl noýba bilen ördek

4 adam üçin

1 ördek

60 ml / 4 nahar çemçesi nohut ýagy

2 sany sarymsak, ezilen

2,5 ml / as çaý çemçesi duz

1 sogan, dogralan

15 ml / 1 nahar çemçesi grated zynjyr köküş

45 ml / 3 çemçe soýa sousy

120 ml / 4 fl oz / ½ käse tüwi çakyry ýa-da gury şeri

60 ml / 4 çemçe pomidor ketçup (pişik)

45 ml / 3 çemçe çakyr sirkesi

300 ml / ½ nokat / 1¼ käse towuk ätiýaçlygy

450 gr dogralan ýaşyl noýba

bir çümmük täze ýer burç

5 damja çili ýagy

15 ml / 1 nahar çemçesi mekgejöwen uny (mekgejöwen krahmaly)

30 ml / 2 nahar çemçesi suw

Ördeki 8 ýa-da 10 bölege bölüň. Oilagy gyzdyryp, ördeki altyna çenli gowurmaly. Bir tabaga geçiriň. Sarymsak, duz, sogan, zynjyr, soýa sousy, çakyr ýa-da şerif, ketçup we çakyr sirkesi goşuň. Garyşdyryň, gaplaň we sowadyjyda 3 sagat marinat etmek üçin goýuň.

Oilagy gyzdyryň, ördek, ätiýaç we marinad goşuň, gaýnadyň, gaplaň we 1 sagat gaýnadyň. Noýba goşuň, gapagyny ýapyň we 15 minut gaýnadyň. Çile burç we ýag goşuň. Mekgejöwen suwuny suw bilen garmaly, gazana garmaly we sous galyň bolýança yzygiderli garmaly.

Bişen ördek

4 adam üçin

1 ördek
duz we täze ýer burç
gowurmak üçin ýag
hoisin sousy

Ördek üçin duz we burç we ýylylyk geçirmeýän gaba salyň. Suwdan doldurylan gazana, tabaga çykmagyň ýolunyň üçden iki bölegine ýetýänçä, gaýnadyň, örtüň we ördek ýumşaýança 1 ýarym sagat gaýnadyň. Suw guýuň we sowadyň.

Oilagy gyzdyryň we ördeki çişik we altyn bolýança gowurmaly. Gowy aýyryň we guradyň. Ownuk böleklere bölüň we hoisin sousy bilen hyzmat ediň.

Ekzotik miweler bilen ördek

4 adam üçin

Zolaklara bölünen 4 ördek döşi

Bäş hoşboý poroşokdan 2,5 ml / ½ çaý çemçesi

30 ml / 2 çemçe soýa sousy

15 ml / 1 nahar çemçesi künji ýagy

15 ml / 1 nahar çemçesi nohut ýagy

3 sapak selderýa, kesilen

Kublara bölünen 2 dilim ananas

Kublara kesilen 100 gr garpyz

100 g lyche, ýarym kesilen

130 ml / 4 fl oz / ½ käse towuk ätiýaçlygy

30 ml / 2 nahar çemçesi pomidor sousy (makaron)

30 ml / 2 nahar çemçesi hoisin sousy

10 ml / 2 çaý çemçesi çakyr sirkesi

bir çümmük goňur şeker

Ördeki bir tabaga goýuň. Bäş hoşboý poroşok, soýa sousy we künji ýagyny garmaly, ördekiň üstüne guýuň we wagtal-wagtal garyşdyryp, 2 sagat marinat etmeli. Oilagy gyzdyryň we ördeki 8 minut bişirmeli. Gazandan çykaryň. Selderini we miwäni goşup, 5 minut gaýnatmaly. Ördeki beýleki maddalar bilen tabaga gaýnadyň, gaýnadyň we bişirmeli, hyzmat etmezden 2 minut öň yzygiderli garmaly.

Hytaý ýapraklary bilen bişirilen ördek

4 adam üçin

1 ördek

30 ml / 2 çemçe tüwi çakyry ýa-da gury şeri

30 ml / 2 nahar çemçesi hoisin sousy

15 ml / 1 nahar çemçesi mekgejöwen uny (mekgejöwen krahmaly)

5 ml / 1 çaý çemçesi duz

5 ml / 1 çaý çemçesi şeker

60 ml / 4 nahar çemçesi nohut ýagy

4 bahar sogan (ýaşyl sogan), dogralan

2 sany sarymsak, ezilen

1 dilim zynjyr köküni, dogralan

75 ml / 5 çemçe soýa sousy

600 ml / 1 bal / 2½ käse suw

225 gr dogralan hytaý ýapraklary

Ördeki takmynan 6 bölege bölüň. Şeraby ýa-da şeri, hoisin sousyny, mekgejöwen, duz we şeker garyşdyryp, ördekiň üstüne sürtüň. 1 sagat duruň. Oilagy gyzdyryp, bahar sogan, sarymsak we zynjyry birnäçe sekunt gowurmaly. Ördek goşuň we her tarapdan ýeňil gyzarýança gowurmaly. Artykmaç ýagy çykaryň. Soya sousy we suw bilen örtüň, gaýnadyň, gaplaň we 30 minut töweregi gaýnadyň. Hytaý ýapraklaryny goşuň, ýene ýapyň we ördek ýumşaýança ýene 30 minut gaýnadyň.

serhoş ördek

4 adam üçin

2 bahar sogan (ýaşyl sogan), dogralan

2 sany sarymsak, ownuk

1.5 L / 2½ qt / 6 stakan suw

1 ördek

450 ml / ¾ pt / 2 stakan gury şeri ýa-da tüwi çakyry

Bahar sogan, sarymsak we suwy uly gazana atyň we gaýnadyň. Ördek goşuň, gaýnadyň, gaplaň we 45 minut gaýnadyň. Gowy suwlaň, çorba üçin suwuklygy saklaň. Ördek sowadyň we bir gije holodilnikde goýuň. Ördeki böleklere bölüň we nurbat gapagy bilen uly gapda goýuň. Şerap ýa-da şerif bilen örtüň we 1 hepde töweregi sowatmak üçin goýuň, soňra suw guýuň we sowuga hyzmat ediň.

Bäş sany ýakymly ysly ördek

4 adam üçin

150 ml / ¼ pt / ½ sahy käse tüwi çakyry ýa-da gury şeri
150 ml / ¼ pt / sahy ½ käse soýa sousy
1 ördek
10 ml / 2 çaý çemçesi bäş ysly poroşok

Şerap ýa-da şeri we soýa sousyny gaýnadyň. Ördek goşup, takmynan 5 minut gaýnadyň. Ördeki gazandan çykaryň we bäş ysly poroşoky derä sürtüň. Guşlary tabaga gaýtaryň we ördekiň ýarysyny ýapmak üçin ýeterlik suw goşuň. Ördek ýumşak bolýança, gaýnadyň, gaplaň we takmynan 1½ sagat bişirmeli. Ördeki 5 sm / 2 sm böleklere bölüň we ýyly ýa-da sowuk hyzmat ediň.

Zynjyr bilen bişirilen ördek

4 adam üçin

1 ördek
2 dilim zynjyr köküni, dogralan
2 bahar sogan (ýaşyl sogan), dogralan
15 ml / 1 nahar çemçesi mekgejöwen uny (mekgejöwen krahmaly)
30 ml / 2 çemçe soýa sousy
30 ml / 2 çemçe tüwi çakyry ýa-da gury şeri
2,5 ml / as çaý çemçesi duz
45 ml / 3 çemçe nohut ýagy

Etleri süňklerden çykaryp, böleklere bölýäris. Eti ýagdan başga ähli maddalar bilen garmaly. 1 sagat duruň. Theagy gyzdyryň we ördek ýumşaýança, 15 minut töweregi marinad bilen gowurmaly.

Ham we leňňe bilen ördek

4 adam üçin

1 ördek

450 g / 1 funt çilim çekilen hamam

2 gözenek

2 dilim zynjyr köküni, dogralan

45 ml / 3 çemçe tüwi çakyry ýa-da gury şeri

45 ml / 3 çemçe soýa sousy

2,5 ml / as çaý çemçesi duz

Ördeki gazana salyň we sowuk suw bilen ýapyň. Bir gaýna getirmeli, gapagyny ýapmaly we takmynan 20 minut gaýnatmaly. 450ml / ¾ bal / 2 käse ätiýaçlyk akdyryň. Ördek biraz salkyn bolsun, soňra eti aýyryň we 5 sm / 2 inedördül kesiň, hamamy şuňa meňzeş böleklere bölüň. Uzyn bölek bölekierini kesip, ýapragyň içine bir bölejik ördek we hamam togalap, goşa daňyň. Heatylylyk geçirmeýän tabaga ýerleşdiriň. Zerde, şerap ýa-da şerif, soýa sousy we duz goşup, ätiýaçlyk goruna guýuň we ördek rulonlarynyň üstüne guýuň. Gazany suwdan doldurylan gazana goýuň, käsäniň gyralaryna barýan ýoluň üçden iki bölegine ýeter. Bir gaýna getiriň, ýapyň we azalýança 1 sagat töweregi bişirmeli

Ördek balda gowruldy

4 adam üçin

1 ördek

duz

3 sany sarymsak, ezilen

3 bahar sogan (ýaşyl sogan), dogralan

45 ml / 3 çemçe soýa sousy

45 ml / 3 çemçe tüwi çakyry ýa-da gury şeri

45 ml / 3 çemçe bal

200 ml / 7 fl oz / bary-ýogy 1 stakan gaýnag suw

Ördeki guradyň we içerde we daşda duz sürtüň. Sarymsagy, bahar sogan, soýa sousy we şerap ýa-da şeri garmaly, soňra garyndyny iki bölege bölüň. Baly ýarym garyşdyryp, ördek bilen sürtüň, soňra guradyň. Galan bal garyndysyna suw goşuň. Soýa sousynyň garyndysyny ördek boşlugyna guýuň we düýbünde azajyk suwly gazanyň üstünde goýuň. Ördek ýumşaýança, 180 ° C / 350 ° F / termostat 4-de gyzdyrylan peçde 2 sagat töweregi bişiriň, galan bal garyndysynda doly ýuwuň.

Çygly gowrulan ördek

4 adam üçin

6 dogralan bahar sogan (ýaşyl sogan).

2 dilim zynjyr köküni, dogralan

1 ördek

2,5 ml / as çaý çemçesi ýer anizi

15 ml / 1 nahar çemçesi şeker

45 ml / 3 çemçe tüwi çakyry ýa-da gury şeri

60 ml / 4 çemçe soýa sousy

250 ml / 8 fl oz / 1 stakan suw

Springaz paslynyň we zynjyryň ýarysyny uly, düýbüne atyň. Galan bölegini ördek boşlugyna goýuň we tabaga goşuň. Hoisin sousundan başga ähli maddalary goşuň, gaýnadyň, gaplaň we 1 ýarym sagat töweregi bişirmeli, wagtal-wagtal garyşdyryň. Ördeki gazandan çykaryň we takmynan 4 sagat guradyň.

Ördeki biraz sowuk suwdan dolduryp gowurmak üçin simiň üstünde goýuň. 230 ° C / 450 ° F / termostat 8-de gyzdyrylan peçde 15 minut bişirmeli, soňra öwrüp, tä 10 minut bişirmeli.

Bu aralykda, ätiýaçlandyrylan suwuklygy gyzdyryň we hyzmat etmek üçin ördekiň üstüne guýuň.

Kömelek bilen bişirilen ördek

4 adam üçin

1 ördek

75 ml / 5 nahar çemçesi nohut ýagy

45 ml / 3 çemçe tüwi çakyry ýa-da gury şeri

15 ml / 1 nahar çemçesi soýa sousy

15 ml / 1 nahar çemçesi şeker

5 ml / 1 çaý çemçesi duz

bir çümmük burç

2 sany sarymsak, ezilen

225 gr kömelek, ýarym

600 ml / 1 çaý çemçesi / 2 ½ stakan towuk ätiýaçlygy

15 ml / 1 nahar çemçesi mekgejöwen uny (mekgejöwen krahmaly)

30 ml / 2 nahar çemçesi suw

5 ml / 1 çaý çemçesi künji ýagy

Ördeki 5 sm / 2 sm böleklere bölüň. 45 ml / 3 nahar çemçesi ýag gyzdyryň we ördeki her tarapdan gyzarýança gözläň. Şeraba ýa-da şerif, soýa sousy, şeker, duz we burç goşup, 4 minut gaýnatmaly. Gazandan çykaryň. Galan ýagy gyzdyryň we sarymsagy az-owlak gyzarýança gowurmaly. Kömelek goşuň we ýagda örtülýänçä garmaly, soňra ördek garyndysyny gazana gaýtaryň we ätiýaçlyk goşuň. Ördek ýumşaýança gaýnadyň, gaplaň we 1 sagat töweregi gaýnadyň. Mekgejöwen bilen suwy pasta emele gelýänçä garmaly, soňra garyndynyň içine garmaly we bulaşdyrmaly

Iki kömelek bilen ördek

4 adam üçin

6 guradylan hytaý kömelegi

1 ördek

750 ml / 1¼ bal / 3 käse towuk ätiýaçlygy

45 ml / 3 çemçe tüwi çakyry ýa-da gury şeri

5 ml / 1 çaý çemçesi duz

Zolaklara bölünen 100 g / 4 oz bambuk baldagy

100 gr kömelek

Kömelekleri ýyly suwda 30 minut batyryň, soňra guradyň. Baldaklary aýyryň we gapaklary ýarym kesiň. Ördeki ätiýaçlyk, çakyr ýa-da şerif we duz bilen uly ýylylyk geçirmeýän tabaga salyň we jamyň üçden iki bölegine çykmak üçin suw bilen doldurylan gazana goýuň. Ördek ýumşaýança gaýnadyň, gaplaň we 2 sagat töweregi gaýnadyň. Gazandan çykaryň we eti süňkden kesiň. Bişirýän suwuklygy aýratyn gazana geçiriň. Tagtanyň aşagyndaky bambuk baldaklaryny we iki görnüşli kömelegi tertipläň, ördek etini çalşyň, gapagyny ýapyň we ýene 30 minut gaýnadyň. Suwuklygy gaýnadyň we hyzmat etmek üçin ördekiň üstüne guýuň.

Sogan bilen bişirilen ördek

4 adam üçin

4 guradylan hytaý kömelegi

1 ördek

90 ml / 6 çemçe soýa sousy

60 ml / 4 nahar çemçesi nohut ýagy

1 bahar sogan (ýaşyl sogan), dogralan

1 dilim zynjyr köküni, dogralan

45 ml / 3 çemçe tüwi çakyry ýa-da gury şeri

450 gr sogan, dilimlere kesilýär

100 g / 4 oz bambuk baldagy, dilimlenen

15 ml / 1 nahar çemçesi goñur şeker

15 ml / 1 nahar çemçesi mekgejöwen uny (mekgejöwen krahmaly)

45 ml / 3 nahar çemçesi suw

Kömelekleri ýyly suwda 30 minut batyryň, soňra guradyň. Baldaklary aýyryň we gapaklaryny kesiň. Ördekde 15 ml / 1 nahar çemçesi soýa sousyny sürtüň. 15ml / 1 nahar çemçesi ýag saklap, galan ýagy gyzdyryň we bahar sogan we zynjyry az-owlak gyzarýança gowurmaly. Ördek goşuň we her tarapdan ýeňil gyzarýança gowurmaly. Artykmaç ýagy aýyryň.

Gazana şerap ýa-da şerif, galan soýa sousy we ördeki ýapmak üçin ýeterlik suw goşuň. Gaýnap, gaplaň we wagtal-wagtal garyşdyryp, 1 sagat bişirmeli.

Reservedtiýaçlandyrylan ýagy gyzdyryň we sogan ýumşaýança gowurmaly. Otdan çykaryň we bambuk baldaklaryny we kömelekleri garmaly, soňra ördeklere goşuň, ördek ýumşaýança ýene 30 minut gaýnadyň. Ördeki panadan çykaryň, böleklere bölüň we ýyly tabakda goýuň. Gazandaky suwuklyklary gaýnadyň, şeker we mekgejöwen goşuň we garyndy gaýnap, galyňlaşýança yzygiderli garmaly. Hyzmat etmek üçin ördekiň üstüne döküň.

Apelsin sousy bilen ördek

4 adam üçin

1 ördek
3 bahar sogan (ýaşyl), kesilen
Zolak köküniň 2 bölegi
1 dilim mämişi gabygy
duz we täze ýer burç

Ördeki uly gazana salyň, suw bilen ýapyň we gaýnadyň. Bahar sogan, zynjyr we mämişi görnüşini goşuň, ördek ýumşaýança takmynan 1 sagat 30 minut gaýnadyň. Duz we burç bilen möwsüm, suw guýuň we hyzmat ediň.

Ördek mämişi bilen gowurmaly

4 adam üçin

1 ördek
2 sany sarymsak, ýarym
45 ml / 3 çemçe nohut ýagy
1 sogan
1 mämişi
120 ml / 4 fl oz / ½ käse tüwi çakyry ýa-da gury şeri
2 dilim zynjyr köküni, dogralan
5 ml / 1 çaý çemçesi duz

Ördeki sarymsak bilen içeri we daşyna sürtüň, soňra ýag bilen sürtüň. Gabykly sogan bilen wilka bilen uruň, daralmadyk apelsin bilen ördek boşlugyna goýuň we skewer bilen möhürläň. Ördeki biraz gyzgyn suw bilen doldurylan gazanyň üstünde simiň üstünde goýuň we 160 ° C / 325 ° F / termostat 3-de gyzdyrylan peçde 2 sagat töweregi gowurmaly. Suwuklyklary süzüň we ördeki tabaga gaýdyň. Şeraba ýa-da şeriniň üstüne döküň we zynjyr we duz sepiň. Anotherene 30 minut peje gaýdyň. Sogan we mämişi aýyryň we hyzmat etmek üçin ördeki böleklere bölüň. Hyzmat etmek üçin pan suwlaryny ördekiň üstüne guýuň.

Armut we kashtan bilen ördek

4 adam üçin

225 gr gabykly kashtan

1 ördek

45 ml / 3 çemçe nohut ýagy

250 ml / 8 fl oz / 1 käse towuk ätiýaçlygy

45 ml / 3 çemçe soýa sousy

15 ml / 1 nahar çemçesi tüwi çakyry ýa-da gury şeri

5 ml / 1 çaý çemçesi duz

1 dilim zynjyr köküni, dogralan

1 sany uly armut, gabykly we galyň dilimlere kesilen

15 ml / 1 nahar çemçesi şeker

Kashtanlary 15 minut gaýnadyň we süzüň. Ördeki 5 sm / 2 sm böleklere bölüň. Oilagy gyzdyryň we ördeki her tarapdan gülgüne bolýança gowurmaly. Artykmaç ýagy süzüň, soňra ätiýaçlyk, soýa sousy, çakyr ýa-da şerif, duz we zynjyr goşuň. Bir gaýna getirmeli, örtmeli we 25 minut bişirmeli, wagtal-wagtal bulamaly. Kashtan goşuň, ýapyň we ýene 15 minut gaýnadyň. Armuty şeker bilen sepiň, tabaga goşuň we ýyly bolýança 5 minut gaýnadyň.

Ördek

6 adam üçin

1 ördek

250 ml / 8 fl oz / 1 stakan suw

120 ml / 4 fl oz / ½ käse bal

120 ml / 4 fl oz / ½ stakan künji ýagy

Pancake üçin:

250 ml / 8 fl oz / 1 stakan suw

225 g / 8 oz / 2 stakan yönekeý un (ähli maksatly)

gowurmak üçin ýer hozy (nohut) ýagy

Suwa çümmek üçin:

120 ml / 4 fl oz / ½ käse hoisin sousy

30 ml / 2 çemçe goňur şeker

30 ml / 2 çemçe soýa sousy

5 ml / 1 çaý çemçesi künji ýagy

Uzynlygyna dilimlenen 6 sany bahar sogan

Zolaklara kesilen 1 hyýar

Ördek deriniň bitewi bolmagy bilen doly bolmaly. Boýnumy ekiz bilen berk baglaýarys we aşaky açylyşyny tikýäris ýa-da ýapýarys. Boýnuň gapdalyndan kiçijik bir bölejik kesiň, sypal salyň we çişýänçä deriniň aşagyna howa öwüriň. Ördeki panada asyň we 1 sagatlap goýuň.

Gaýnaga bir küýze suw getiriň, ördek goşuň we 1 minut bişirmeli, soňra aýyryň we gowy guradyň. Suwy gaýnadyň we balda garmaly. Garyndyny doýýança ördek derisine sürtüň. Ördeki derini gaty bolýança, 8 sagat töweregi salkyn we howaly ýerde bir tabaga asyň.

Ördeki asyň ýa-da çörek bişirilýän kagyzyň üstünde goýuň we 180 ° C / 350 ° F / termostat 4-de gyzdyrylan peçde 1 sagat 30 minutlap gowurmaly, künji ýagy bilen yzygiderli ýuwuň.

Pancake üçin suw gaýnadyň we ýuwaş-ýuwaşdan un goşuň. Hamyr emele gelýänçä ýeňil dyzaň, çygly polotensa bilen ýapyň we 15 minut dynç alyň. Çörek bişirilen kagyzy çykaryň we uzyn silindr emele getiriň. 1 / 2,5 sm dilimlere kesiň, soňra takmynan ¼ / 5mm galyňlykda tekizläň we budlary ýag bilen ýuwuň. Jübüt edip goýuň, ýaglanan ýüzler degip, daşky bölekleriniň un bilen ýeňil tozanlaň. Jübütleri takmynan 10 sm diametre ýaýradyň we jübütleşip, her tarapynda 1 minut töweregi gowurmaly. Hyzmat etmäge taýyn bolýançaňyz aýryň we ýapyň.

Sogan sousynyň ýarysyny şeker bilen garyşdyryp, hozin sousunyň galan bölegini soýa sousy we künji ýagy bilen garyşdyryp, souslary taýýarlaň.

Ördeki peçden çykaryň, derini kesiň we inedördül böleklere bölüň we eti kublara bölüň. Aýry tabaklarda tertipläň we krepkalar, souslar we gapdal naharlar bilen hyzmat ediň.

Ananas bilen bişirilen ördek

4 adam üçin

1 ördek
Siropda 400 gr konserwirlenen ananas bölekleri
45 ml / 3 çemçe soýa sousy
5 ml / 1 çaý çemçesi duz
bir çümmük täze ýer burç

Ördeki galyň düýbi bolan gazana goýuň, suw bilen ýapyň, gaýnadyň, gaplaň we 1 sagat gaýnadyň. Ananas siropyny soýa sousy bilen bir gazana süzüň, duz we burç bilen möwsümi ýapyň we ýene 30 minut gaýnadyň. Ananas böleklerini goşuň we ördek ýumşaýança ýene 15 minut bişirmeli.

Ananas bilen bişirilen ördek

4 adam üçin

1 ördek
45 ml / 3 nahar çemçesi mekgejöwen uny (mekgejöwen krahmaly)
45 ml / 3 çemçe soýa sousy
Siropda 225 gr konserwirlenen ananas
45 ml / 3 çemçe nohut ýagy
Zolak köküniň 2 bölegi
15 ml / 1 nahar çemçesi tüwi çakyry ýa-da gury şeri
5 ml / 1 çaý çemçesi duz

Eti süňkden aýyryň we böleklere bölüň. Soýa sousyny 30 ml / 2 nahar çemçesi mekgejöwen bilen garmaly we ördek bilen gowy örtülýänçä zyňyň. Wagtal-wagtal garyşdyryp, 1 sagat duruň. Ananas bilen siropy garmaly we gazanda ýuwaşlyk bilen gyzdyryň. Galan mekgejöwenini azajyk suw bilen garmaly, gazana garmaly we sous galyň bolýança yzygiderli garmaly. Warmyly saklaň. Oilagy gyzdyryň we zynjyry aç-açan altyn bolýança gowurmaly, soňra zynjyry taşlaň. Ördek goşuň we her tarapdan ýeňil gyzarýança gowurmaly. Ördek bişýänçä, şerap ýa-da şeri, duz we sous goşuň. Gurama

Ananas we zynjyr bilen ördek

4 adam üçin

1 ördek

Siropda 100 gr süýji zynjyr

200 g / 7 oz konserwirlenen ananas siropda böleklere bölünýär

5 ml / 1 çaý çemçesi duz

15 ml / 1 nahar çemçesi mekgejöwen uny (mekgejöwen krahmaly)

30 ml / 2 nahar çemçesi suw

Ördeki ojakdan goraýan tabaga salyň we saçagyň gapdalyndaky ýoluň üçden iki bölegine ýeter ýaly suw bilen doldurylan gazana goýuň. Ördek ýumşaýança gaýnadyň, gaplaň we 2 sagat töweregi gaýnadyň. Ördeki aýyryň we azajyk sowadyň. Derini we süňkleri aýyryň we ördeki böleklere bölüň. Olary tabakda ýerleşdiriň we ýyly saklaň.

Zynjyr we ananas siropyny gazana süzüň, duz, mekgejöwen we suw goşuň. Sous tämizlenýänçä we galyňlaşýança gaýnadyň, yzygiderli garmaly we birnäçe minutlap bişirmeli. Zynjyr we ananas goşuň, zyňyň we hyzmat etmek üçin ördekiň üstüne guýuň.

Ananas we lyçe bilen ördek

4 adam üçin

4 ördek göwsi

15 ml / 1 nahar çemçesi soýa sousy

1 ýyldyz anise

Zynjyr köküniň 1 bölegi

gowurmak üçin ýer hozy (nohut) ýagy

90 ml / 6 çemçe çakyr sirkesi

100 g / 4 oz / ½ käse goňur şeker

250 ml / 8 fl oz / ½ käse towuk ätiýaçlygy

15 ml / 1 nahar çemçesi ketçup (ketçup)

200 g / 7 oz konserwirlenen ananas siropda böleklere bölünýär

15 ml / 1 nahar çemçesi mekgejöwen uny (mekgejöwen krahmaly)

6 konserwirlenen lyche

6 maraşino çilisi

Ördekleri, soýa sousyny, aniz we zynjyry bir gazana salyň we sowuk suw bilen ýapyň. Ördek bişýänçä gaýnadyň, atyň, ýapyň we 45 minut töweregi gaýnadyň. Zeýreniň we guradyň. Gyzgyn ýagda gowurmaly.

Bu aralykda, şerap sirkesini, şeker, çorba, ketçup we 30 ml / 2 nahar çemçesi ananas siropyny bir gazanda garmaly, gaýnadyň we galyň bolýança 5 minut bişirmeli. Miwe bilen garmaly we hyzmat etmek üçin ördekiň üstüne guýmazdan ozal gyzdyryň.

Doňuz eti we kashtan bilen ördek

4 adam üçin

6 guradylan hytaý kömelegi
1 ördek
225 gr gabykly kashtan
Kublara bölünen 225 gr doňuz doňuz
3 bahar sogan (ýaşyl sogan), dogralan
1 dilim zynjyr köküni, dogralan
250 ml / 8 fl oz / 1 stakan soýa sousy
900 ml / 1½ bal / 3¾ käse suw

Kömelekleri ýyly suwda 30 minut batyryň, soňra guradyň. Baldaklary aýyryň we gapaklaryny kesiň. Galan maddalar bilen uly tabaga goýuň, gaýnadyň, örtüň we ördek bişýänçä 1 ýarym sagat gaýnadyň.

Kartoşka bilen ördek

4 adam üçin

75 ml / 5 nahar çemçesi nohut ýagy

1 ördek

3 sany sarymsak, ezilen

30 ml / 2 çemçe gara noýba sousy

10 ml / 2 çaý çemçesi duz

1,2 l / 2 pt / 5 käse suw

2 galyň, galyň dilimlere kesilen

15 ml / 1 nahar çemçesi şeker

45 ml / 3 çemçe soýa sousy

60 ml / 4 çemçe tüwi çakyry ýa-da gury şeri

1 ýyldyz anise

900g / 2lb kartoşka, galyň dilimlenen

Chinese hytaý ýapraklarynyň kellesi

15 ml / 1 nahar çemçesi mekgejöwen uny (mekgejöwen krahmaly)

30 ml / 2 nahar çemçesi suw

tekiz petruşkanyň pürsleri

60 ml / 4 nahar çemçesi ýag gyzdyryň we ördeki her tarapdan goňur bolýança gowurmaly. Boýnuň ujuny dañyň ýa-da tikiň

we ördek boýnuny çuň gaba goýuň. Galan ýagy gyzdyryň we sarymsagy az-owlak gyzarýança gowurmaly. Gara noýba sousyny we duz goşup, 1 minut gaýnatmaly. Suw, leňňeç, şeker, soýa sousy, çakyr ýa-da şerif goşuň we ýyldyz anizini gaýnadyň. Garyndynyň ördek boşlugyna 120 ml / 8 fl oz / 1 stakan guýuň we berkitmek üçin galstuk ýa-da ştapel. Garyndynyň galan bölegini gazanda gaýnadyň. Ördek we kartoşka goşuň, örtüň we 40 minut gaýnadyň, ördeki bir gezek öwrüň. Hytaý ýapraklaryny hyzmat ediş tabakda tertipläň. Ördeki gazandan çykaryň, 5 sm / 2 bölege bölüň we kartoşka bilen tabakda goýuň. Mekgejöwen pastasyny suw bilen garmaly, gazana garmaly we sous galyň bolýança yzygiderli garmaly.

Gaýnadylan gyzyl ördek

4 adam üçin

1 ördek
4 bahar sogan (ýaşyl), kesilen
Zolak köküniň 2 bölegi
90 ml / 6 çemçe soýa sousy
45 ml / 3 çemçe tüwi çakyry ýa-da gury şeri
10 ml / 2 çaý çemçesi duz
10 ml / 2 çaý çemçesi şeker

Ördeki galyň düýbi bolan gazana goýuň, suw bilen ýapyň we gaýnadyň. Bahar sogan, zynjyr, çakyr ýa-da şerri we duz goşup, gaplaň we 1 sagat töweregi gaýnadyň. Şeker goşuň we ördek ýumşaýança ýene 45 minut gaýnadyň. Ördeki hyzmat ediş tabagyna kesiň we sous bilen ýa-da bolmazdan ýyly ýa-da sowuk hyzmat ediň.

Tüwi şerabynda gowrulan ördek

4 adam üçin

1 ördek

500 ml / 14 fl oz / 1¾ stakan gury şeri ýa-da tüwi çakyry

5 ml / 1 çaý çemçesi duz

45 ml / 3 çemçe soýa sousy

Ördeki şerif we duz bilen agyr gazana goýuň, gaýnadyň, gaplaň we 20 minut gaýnadyň. Ördeki süzüň, suwuklygy bir gapdala goýuň we soýa sousy bilen çotuň. Griliň üstünde azajyk gyzgyn suw bilen dolduryan tabaga goýuň we öňünden gyzdyrylan çakyr suwuklygy bilen wagtal-wagtal içip, 180 ° C / 350 ° F / termostat 4-de gyzdyrylan peçde 1 sagat gowurmaly.

Tüwi şerabynda bişirilen ördek

4 adam üçin

1 ördek
4 bahar sogan (ýarym sogan), ýarym
1 dilim zynjyr köküni, dogralan
250 ml / 8 fl oz / 1 stakan tüwi çakyry ýa-da gury şeri
30 ml / 2 çemçe soýa sousy
bir çümmük duz

Ördeki 5 minut gaýnag suwa batyryň, soňra suw guýuň. Galan maddalar bilen ýylylyk geçirmeýän tabaga ýerleşdiriň. Gazany suwdan doldurylan gazana goýuň, käsäniň gyralaryna barýan ýoluň üçden iki bölegine ýeter. Ördek ýumşaýança gaýnadyň, gaplaň we 2 sagat töweregi gaýnadyň. Hyzmat etmezden ozal bahar sogan we zynjyry taşlaň.

bişirilen ördek

4 adam üçin

1 ördek

50 g / 2 oz / ½ käse mekgejöwen (mekgejöwen)

gowurmak üçin ýag

2 sany sarymsak, ezilen

30 ml / 2 çemçe tüwi çakyry ýa-da gury şeri

30 ml / 2 çemçe soýa sousy

5 ml / 1 çaý çemçesi grated zynjyr kökü

750 ml / 1¼ bal / 3 käse towuk ätiýaçlygy

4 guradylan hytaý kömelegi

225 g / 8 oz bambuk baldagy, dilimlenen

225 gr suw kashtan, dilimlere bölünýär

10 ml / 2 çaý çemçesi şeker

bir çümmük burç

Dilimlere bölünen 5 bahar sogan (ýaşyl sogan)

Ördeki böleklere bölüň. 30 ml / 2 nahar çemçesi mekgejöweniň gapdalynda goýuň we ördeki galan mekgejöwen bilen örtüň. Artykmaç zatlary ýuwuň. Oilagy gyzdyryň we sarymsagy we ördeki gowurmaly. Gazandan çykaryň we kagyz polotensasynda guradyň. Ördeki uly tabaga goýuň. Şerap ýa-da şeri, 15ml / 1 nahar çemçesi soýa sousy we zynjyry birleşdiriň. Gazana goşuň we 2 minut ýokary bişirmeli. Bir stockanyň ýarysyny goşuň, gaýnadyň, örtüň we ördek ýumşaýança 1 sagat gaýnadyň.

Bu aralykda kömelekleri ýyly suwda 30 minut batyryň we soňra guradyň. Baldaklary aýyryň we gapaklaryny kesiň. Ördeklere kömelekleri, bambuk baldaklaryny we suw kashtanlaryny goşuň we ýygy-ýygydan garyşdyryp, 5 minut bişirmeli. Theagy suwuklykdan çykaryň. Galan çorbany, mekgejöwen we soýa sousyny şeker we burç bilen birleşdirip, gazana garmaly. Üznüksiz garyşdyryp, gaýnadyň we sous galyňlaşýança 5 minut töweregi bişirmeli. Warmyladylan hyzmat ediş tabagyna geçiriň we bahar sogan bilen bezelen hyzmat ediň.

Guradylan ördek

4 adam üçin

1 ýumurtga ak, ýeňil urulýar

20 ml / 1 ½ nahar çemçesi mekgejöwen uny (mekgejöwen krahmaly)

duz

Inçe dilimlere kesilen 450 g ördek döşi

45 ml / 3 çemçe nohut ýagy

Zolaklara kesilen 2 bahar sogan (ýaşyl)

Zolaklara kesilen 1 ýaşyl burç

5 ml / 1 nahar tüwi çakyry ýa-da gury şeri

75 ml / 5 çemçe towuk çorbasy

2,5 ml / ½ çaý çemçesi şeker

Eggumurtga aklaryny 15 ml / 1 nahar çemçesi mekgejöwen uny we bir çümmük duz bilen uruň. Der ördek goşuň we ördek örtülýänçä garmaly. Oilagy gyzdyryň we ördek bişirilýänçä we altyn bolýança gowurmaly. Ördeki gazandan çykaryň we 30 ml / 2 nahar çemçesi ýagdan başga hemmesini süzüň. Bahar sogan we burç goşup, 3 minut duzlamaly. Şeraba ýa-da şerif, ätiýaçlyk we şeker goşup, gaýnadyň. Galan mekgejöwenini azajyk suw bilen garmaly, sousa garmaly we sous galyňlaşýança yzygiderli garmaly. Ördek bilen garmaly, gyzdyryň we hyzmat ediň.

Süýji kartoşka bilen ördek

4 adam üçin

1 ördek

250 ml / 8 fl oz / 1 stakan nohut ýagy

225 gr süýji kartoşka, gabykly we dogralan

2 sany sarymsak, ezilen

1 dilim zynjyr köküni, dogralan

2,5 ml / ½ çaý çemçesi darçyn

2,5 ml / as çaý çemçesi ýer ýorunjalary

bir çümmük ýer anizasy

5 ml / 1 çaý çemçesi şeker

15 ml / 1 nahar çemçesi soýa sousy

250 ml / 8 fl oz / 1 käse towuk ätiýaçlygy

15 ml / 1 nahar çemçesi mekgejöwen uny (mekgejöwen krahmaly)

30 ml / 2 nahar çemçesi suw

Ördeki 5 sm / 2 sm böleklere bölüň. Oilagy gyzdyryp, kartoşkany altyna çenli gowurmaly. Gazandan çykaryň we 30 ml / 2 nahar çemçesi ýagdan başga zatlary süzüň. Sarymsagy, zynjyry we sousy 30 sekunt goşuň. Ördek goşuň we her tarapdan ýeňil gyzarýança gowurmaly. Icesakymly ysly zatlar, şeker, soýa sousy we çorba goşup, gaýnadyň. Kartoşkany goşuň, ördek ýumşaýança 20 minut gaýnadyň. Mekgejöwen pastasyny suw bilen garmaly, soňra gazana garmaly we sous galyň bolýança yzygiderli garmaly.

Süýji we turş ördek

4 adam üçin

1 ördek

1.2 L / 2 bal / 5 käse towuk ätiýaçlygy

2 sogan

2 käşir

2 sany sarymsak, dilimlenen

15 ml / 1 nahar çemçesi duzly ysly zatlar

10 ml / 2 çaý çemçesi duz

10 ml / 2 çaý çemçesi nohut ýagy

6 dogralan bahar sogan (ýaşyl sogan).

1 mango, gabykly we dogralan

12 lyche, ýarym

15 ml / 1 nahar çemçesi mekgejöwen uny (mekgejöwen krahmaly)

15 ml / 1 nahar çemçesi çakyr sirkesi

10 ml / 2 çaý çemçesi pomidor pastasy (konsentrirlenen)

15 ml / 1 nahar çemçesi soýa sousy

5 ml / 1 çaý çemçesi bäş ysly poroşok

300 ml / ½ nokat / 1¼ käse towuk ätiýaçlygy

Ördeki bug sebedine ätiýaçlyk, sogan, käşir, sarymsak, duzlanan burç we duz bilen gazanyň üstünde goýuň. 2½ sagat ýapyň we gaýnadyň. Ördek sowasyn, ýapyň we holodilnikde 6 sagat goýuň. Etleri süňklerden çykaryň we kublara bölüň. Oilagy gyzdyryp, ördek we bahar sogan sogan bolýança gowurmaly. Beýleki maddalary goşuň, gaýnadyň we sous galyňlaşýança yzygiderli garmaly we 2 minut bişirmeli.

mandarin ördek

4 adam üçin

1 ördek

60 ml / 4 nahar çemçesi nohut ýagy

Guradylan mandarin gabygynyň 1 bölegi

900 ml / 1½ bal / 3¾ käse towuk ätiýaçlygy

5 ml / 1 çaý çemçesi duz

Ördeki 2 sagat guratmak üçin asyň. Halfarymyň ýarysyny gyzdyryň we ördeki ýeňil gyzarýança gowurmaly. Uly ýylylyk geçirmeýän tabaga geçiriň. Galan ýagy gyzdyryp, mandarin gabygyny 2 minut gowurmaly, soňra ördek goşuň. Çorbany ördek we möwsüm duz bilen guýuň. Gazany gazanyň üstünde goýuň, ördek ýumşaýança 2 sagat töweregi gaýnadyň.

Gök önümler bilen ördek

4 adam üçin

16 bölege bölünen 1 uly ördek

duz

300 ml / ½ pt / 1 ¼ stakan suw

300 ml / ½ pt / 1¼ stakan gury ak şerap

120 ml / 4 fl oz / ½ käse şerap sirkesi

45 ml / 3 çemçe soýa sousy

30 ml / 2 çemçe erik sousy

30 ml / 2 nahar çemçesi hoisin sousy

5 ml / 1 çaý çemçesi bäş ysly poroşok

6 dogralan bahar sogan (ýaşyl sogan).

2 käşir, dogralan

5 sm / 2 ak turp, dogralan

Kublara bölünen 50 g hytaý kelem

täze ýer burç

5 ml / 1 çaý çemçesi şeker

Ördek böleklerini bir tabaga salyň, duz sepiň we suw we şerap goşuň. Şerap sirkesi, soýa sousy, erik sousy, hozin sousy we bäş sany hoşboý ysly poroşok goşuň, gaýnadyň, gaplaň we 1 sagat töweregi gaýnadyň. Gazana gök önümleri goşuň, gapagyny aýyryň we ýene 10 minut gaýnadyň. Duz, burç we şeker bilen möwsüm we sowatmak üçin goýuň. Bir gije ýapyň we sowadyň. Sousdaky ördeki peseldip, 20 minut gyzdyryň.

www.ingramcontent.com/pod-product-compliance
Lightning Source LLC
Chambersburg PA
CBHW050344120526
44590CB00015B/1547